U0878605

红色基因

★ 意志篇 ★

蒋海升 主编

陈 平 刘桂华 翟 真 编著

泰山出版社 · 济南 ·

『序言』

讲好红色故事，激活红色基因

党的十八大以来，习近平总书记多次强调，红色基因就是要传承，让信仰之火熊熊不息，让红色基因融入血脉，让红色精神激发力量，要把理想信念的火种、红色传统的基因一代代传下去，让革命事业薪火相传、血脉永续。

红色基因是什么？红色，代表着光明与温暖，象征着革命与胜利，凝聚着力量，引领着未来。“红色基因”是中国共产党人的精神内核，是中华民族的精神纽带，始终贯穿在中国共产党从小到大、从弱到强、不断从胜利走向胜利的辉煌历程中。建党一百年来，中国共产党书写了波澜壮阔的革命史、艰苦卓绝的奋斗史、可歌可泣的英雄史。一部党史，蕴含着丰富的革命精神，包含了革命先辈的崇高理想和坚定信念，凝聚了党的优良革命传统和集体智慧。红色基因形成于艰苦卓绝的战争年代，在井冈山、瑞金、遵义、延安、西柏坡等地凝聚，并伴随着中国革命、建设、改革的伟大历程传承至今。红色基因是历史的积淀，是历史真正厚重之所在。红色基因中有信仰，能够使我们“不畏浮云遮望眼”；红色基因中有定力，能够使我们“咬定青山不放松”；红色基因中有成功之道，能够使我们从看似“山重水复疑无路”中，领略“柳暗花明又一村”的意境。红色基因植根于革命先烈用鲜血染红的泥土中，传承于一代一代人不懈奋斗的事业中，与我们每一个人情感相连、命运相系，是我们精神的归宿、初心的原点。它清晰地告诉我们——今天的中国从何处来，又往何处去。

红色基因中包含着信念。信念是革命理想高于天的坚定信仰，目光远大，追求高远；红色文化是一种崇高、坚定、顽强的信念文化。真正的革命者清楚地认识到革命的本质，因而具有坚定的意志和崇高的使命感。“但有使命，万死不辞。”信仰不够坚定，面对困难中途退出，那是逃兵，不是革命者；信仰不够坚定，面对危险选择变节，那是叛徒，不是革命者。革命者的使命感就是人生的意义在于革命事业。敌人“只能砍下我们的头颅，决不能丝毫动摇我们的信仰！我们的信仰是铁一般的坚硬的”。理想信念是革命者一往无前的坚实支撑。

红色基因中包含着忠诚。对党忠诚，是共产党人首要的政治品质。党一路走来，经历了无数艰险和磨难，但任何困难都没有压垮党，任何敌人都没能打倒党，靠的就是千千万万党员的忠诚。“党有指示，虽死不辞”，爱党爱国，永远听党话、跟党走，服从中央、顾全大局，矢志不渝、至死追随，坚守高度自觉严格的革命纪律，任何时候、任何情况下都同党中央保持高度一致，一心一意、一以贯之，表里如一、知行合一。“对党绝对忠诚要害在‘绝对’两个字，就是唯一的、彻底的、无条件的、不掺任何杂质的、没有任何水分的忠诚。”对党绝对忠诚，既是政治标准，更是实践标准。任何时候任何情况下都不改其心、不移其志、不毁其节，把对党忠诚真正落到实处。

红色基因中包含着为民。“人民对美好生活的向往，就是我们的奋斗目标。”中国共产党人的初心是什么？归根结底，就是“民心”，即为民之心，为人民服务的心，对人民的拳拳赤子之心，带领人民创造幸福生活、满足人民对美好生活向往的心。坚持以人民为中心是共产党领导人反复强调的核心价值取向。党自成立之日起，就把坚持人民利益高于一切鲜明地写在自己的旗帜上，把实现好、维护好、发展好最广大人民的根本利益作为一切工作的出发点和落脚点。一百年来，我们党之所以能够从小到大、从弱到强，关键就在于始终坚持以人民为中心，权为民所用、情为民所系、利为民所谋，无私奉献，无怨无悔，践行全心全意为人民服务的根本宗旨。

红色基因中包含着奋斗。“宝剑锋从磨砺出，梅花香自苦寒来。”任何事业的成功离不开艰苦奋斗。奋斗是艰辛的，艰难困苦、玉汝于成，没有艰辛就不是真正的奋斗，在艰苦奋斗中才能净化灵魂、磨砺意志、坚定信念。奋斗是长期的，前人栽树、后人乘凉，伟大事业需要几代人、十几代人、几十代人持续奋斗。坚持和发扬艰苦奋斗精神是我们党一个永恒的主题。艰苦奋斗是党在长期革命、建设过程中形成的优良传统和作风，是党的政治本色，是党的宝贵精神财富。艰苦奋斗的精神永远不会过时。

红色基因中包含着意志。革命者的意志是用钢铁做的，革命者具有坚强意志、不屈气节和反抗精神。越是困难时期，革命者的信仰越执着、意志越坚定。为了实现自己的理想和奋斗目标，即使牺牲生命也在所不惜。大义凛然，视死如归。战场拼死易，从容就义难。面对敌人的铁窗与枷锁，面对敌人的罪恶枪口，革命者们泰然自若，从容决绝。中国共产党人是特有的英勇顽强、意志如钢、敢于战斗、不怕牺牲、宁死不屈、不畏艰险、勇于拼搏、自强不息、一不怕苦二不怕死的战斗精神的凝结。

……

红色基因有丰富的内涵。红色基因，让青春常驻，让生命之花绽放，让人生的每个时期都有其独特的魅力。

生活在我们这样一个拥有无数先烈的国度里，英雄的故事有口皆碑，红色印记随处可见。然而，每个人内心里的红色种子，不会自然而然地长成参天大树，需要不断地呵护她、激活她，使其永葆生机与活力；需要不断地培育她、浇灌她，使其汲取养料茁壮成长。那么，如何激活红色基因呢？

习近平总书记在瞻仰井冈山革命烈士陵园时，曾讲过一段深情的话语，井冈山是革命的山、战斗的山，也是英雄的山、光荣的山，每次来缅怀革命先烈，思想都受到洗礼，心灵都产生触动。回想过去那段峥嵘岁月，我们要向革命先烈表示崇高的敬意，我们永远怀念他们、牢记他们，传承好他们的红色基因。遍布于全国各地的纪念馆、纪念地，是红色基因的“孕育地”“储存库”，充分发挥好红色资源作用，经常到这些地方拜谒、瞻仰、学习，可以使我们的心灵得以滋养、灵魂得以净化、境界得以提升，从红色基因中汲取前进的力量。

历史是最好的教科书，也是最好的清醒剂。一本好书、一个好的故事，既是一扇窗户，让人走进历史、了解历史，也是一粒种子，让人在内心激发认同、产生情感共鸣。只有了解才能理解，只有“通情”才能“达理”，从而激活红色基因，把红色基因的根基扎深扎牢。

革命先烈、英模人物的榜样力量，是优良传统的人格化身，是红色基因的鲜活体现。从他们身上，我们能够感受到一种强烈的气场、一种催人奋进的力量。不懂历史的民族没有根，淡忘英雄的民族没有魂。激活红色基因，当以英模人物为榜样，自觉向他们看齐。“清气澄余滓，杳然天界高。”榜样就是阵阵“清气”，能够澄滤“余滓”，引导我们进入“杳然”人生之境。

“传统不是守住炉灰，而是热情火焰的传递。”红色基因不是古董，她的生命力在于挖掘出新的时代内涵，彰显出新的时代价值。感悟革命传统的崇高，激活我们身上的红色基因，最终要体现在为崇高事业的不懈奋斗中。唯有保持革命战争年代那么一股劲、那么一种革命热情、那么一种拼命精神，才能使红色基因代代相传，使我们的事业永续推进。

讲好红色故事，激活红色基因。一位作家说过：人生不是一支短暂的蜡烛，而是一支由我们暂时拿着的火炬，我们一定要把它燃烧得十分光明耀眼，然后交给下一代。红色基因鼓舞着一代又一代中华儿女为了中华民族的伟大复兴而坚强自立、坚持梦想、勇往直前。面对敌对势力的阻挠诋毁，面对自然灾害的汹涌来袭，我们不动摇、不懈怠、不折腾，用勤劳和智慧、用坚定与执着，写下了令世人惊叹的“中国故事”。今天，历史的接力棒传到我们手上，我们当分外珍惜这一荣光，在回首中铭记，在缅怀中传承，在开拓中弘扬，让红色基因融入血脉代代相传，永不褪色，不断书写出新的光辉篇章！

『目录』

01 林祥谦：头可断，血可流，工不可复！

林祥谦塑像

1923年2月，林祥谦因组织京汉铁路工人大罢工而被俘。北洋军阀用死亡逼迫他下令复工，他断然拒绝："头可断，血可流，工不可复！"

林祥谦是中国共产党的优秀党员、工人运动的先驱、二七大罢工烈士之一。他是福建闽县（今闽侯）人，1892年出生在一个贫苦农民家庭。1906年，他被父亲送到了马尾造船厂当钳工学徒。1912年，他通过技工考试，进入京汉铁路江岸机车厂当了钳工，过着"成年累月做马牛，吃喝如猪穿如柳"的生活。目睹了饥寒交迫的老工人们年老、工伤、生病和死亡，他努力寻找劳苦大众的出路。

武汉党组织负责人陈潭秋派项英到江岸地区创办工人夜校，

结识了工人中的骨干力量林祥谦。在陈潭秋、项英等人的影响和帮助下，林祥谦很快提高了阶级觉悟，参与筹建江岸工人俱乐部，协助举办工人夜校，迅速成长为工人阶级的先锋战士。他当掉棉被换了三块银圆，帮工人的孩子治病，还把自己家里仅有的十几斤米分给断粮的工友。由于他办事公正、乐于助人，组织罢工要求为工人增加工资，深受工人们的信任和拥护，加入工人俱乐部的人越来越多。1922 年夏天，林祥谦光荣地加入了中国共产党。

1923 年 2 月 1 日，林祥谦作为代表赴郑州参加京汉铁路总工会成立大会。反动军阀吴佩孚下令武力制止开会，在郑州实行全城戒严，三步一岗，五步一哨。林祥谦和项英、施洋等共产党员高举红旗冲向铁门，砸碎铁锁，撕去了封条，工人队伍高呼着“京汉铁路总工会万岁”，冲进会场，宣布正式成立京汉铁路总工会。当天下午，军警占领总工会会所，查抄文件资料，驱逐代表。林祥谦代表总工会向当局下了最后通牒，如果四十八小时内没有答复总工会提出的五项要求，就将在 2 月 4 日举行全路总罢工。为了准备大罢工，京汉铁路总工会从郑州转移到江岸，并成立总罢工委员会，由林祥谦担任罢工的总负责人，带领工人们组织纠察队，赶制铁棍、木棒等工具，准备自卫。

2 月 4 日上午 9 时，林祥谦下达了罢工令，拉响了江岸机车厂的汽笛。不到三小时，京汉铁路沿线所有的客车、货车和军车一律停止行驶。江岸铁路工人，高举铁棍、木棒，涌出各工厂、机务段和车站，聚集在江岸工会会所，胜利地实现了全路总罢工，沉重打击了帝国主义和反动军阀。2月7日下午5点多，两个营的反动军警包围了工人们聚集的江岸工会会所，对准罢工工人疯狂扫射，开始了野蛮的屠杀和殴打，仅江岸地区就有三十多人死亡、二百多人受伤。这就是震惊中外的“二七惨案”。林祥谦带领工人进行了英勇搏斗，但最后因敌众我寡、力量悬殊，林祥谦和六十多名工人被逮捕。

当天夜里，大雪纷纷扬扬，敌人把林祥谦和被捕的工人绑在江岸车站的站台上。敌人军警头子张厚生亲自提着马灯，要林祥谦下达“上工”的命令，遭到林祥谦的严词拒绝。刽子手的大刀砍中了林祥谦的左肩，鲜血很快染红了他的对襟蓝上衣，滴落在站台的雪地上，分外刺眼。张厚生继续逼问：“上不上工？”林祥谦忍着剧痛，巍然屹立：“上工要总工会下命令。我头可断，血可流，工不可复！”刽子手又挥刀砍向他，他的右肩顿时血流如注，林祥谦因剧痛而昏死过去。不知过了多久，他迷迷糊糊地听见敌人问：“现在怎么样了？”林祥谦奄奄一息，但声音坚定：“现在还有什么话可说？可怜一个好好的中国，就断送在你们这帮军阀手里了！”

林祥谦为了共产主义信念和工人运动献出了31岁的生命，成为中国共产党成立以来，有史可查的第一位壮烈牺牲的共产党员。他不畏强暴、勇敢坚定和宁死不屈的大无畏精神，永远在史册上熠熠发光。毛泽东亲笔题写了“二七烈士纪念碑”七个大字来纪念林祥谦等十六位为国捐躯的烈士。

02 刘华：愿拼满腔青春血，洒遍劳工神圣花

1925年12月17日的夜里，一声罪恶的枪响打破了沉静的黑夜，年仅26岁的优秀工人运动领袖——刘华倒下了。被害前，他高呼“打倒帝国主义”“打倒军阀”“中国共产党万岁”，这响亮的口号震撼着人们的心灵。

刘华，原名炽荣，字剑华，四川人。虽然家里贫穷，但父母还是想方设法让刘华去读书。刘华学习非常刻苦，而且有自己的独立见解，很受同学的欢迎。高小毕业后，家里实在没有力量再供他读书了，于是他辗转各地寻求学习的机会，谋求发展的道路。但所到之处，满目疮痍，令他一次次失望。残酷的社会现实、颠沛流离的生活，让刘华认识到，只有练就过硬的真本领，才能救民于水火。

1920年，刘华来到上海谋生，在中华书局印刷所当学徒。在上海，他亲眼见到工友遭到资本家的虐待，于是就和工友一起反抗。重重磨难磨炼了刘华的意志。他每天辛劳工作，一有空就读书学习。在瞿秋白等共产党人的影响下，他接触了马列

主义，立下了为工农谋幸福的决心，利用空余时间秘密印刷红色传单。1924年，他加入了中国共产党，在政治上成熟起来。他在报纸上发表文章，抨击社会的黑暗，唤起工人的觉悟。他领导工人罢工，争取权利。

“五卅惨案”发生后，刘华不顾自己重病在身，召集工人痛陈事件真相，组织各厂罢工工人集会，向社会各界发出宣言，揭露日本帝国主义的暴行，号召大家团结起来，以抗议帝国主义的血腥屠杀，进行民族解放斗争。这时候的刘华已经成长为全上海工人的领袖。他组织和布置敢死队员到公共租界贴传单，亲自带领工人队伍配合党的行动。经过反复交涉，迫使上海总商会副会长在罢市文告上签字。

罢工期间，刘华和工友们一起过着艰苦的生活，每天领十六个铜板，只能以稀饭和馒头充饥。但他仍然废寝忘食地工作着，乐观地鼓励战友，在中央决策的指导下领导工人进行斗争。这时，刘华的肺病复发了，大口大口地咯血，工人们要送他去医院，刘华执意不从。在这节骨眼上，刘华先后收到家中来信，才知道家里已被土匪洗劫一空，弟弟被杀死，父亲被绑走，母亲负重伤，祖母又病危，妻子要他赶快回家。但是，刘华已经把自己的生命同工人和民族的解放事业绑在一起了，他说：“有国方有家也，党和工人兄弟们信任我，我就要完成党的任务，不能为了私事回家。”他坚定地表示：“为革命，我纵然流血到最后一滴也无所惜。”为表决心，他写下了“愿拼满腔青春血，洒遍劳工神圣花”的诗句。

在艰苦卓绝的斗争中，刘华的病情急剧恶化，有一天他突然晕倒了，被送到了医院。但病床上的刘华，心中一直牵挂着外面的火热斗争。病稍有好转，他又一头扎进新的战斗。

1925 年 9 月，军阀查封了上海总工会会址，并下令通缉刘华等人。严峻的形势吓不倒刘华，他早就把个人安危置之度外，也忘了自己的病情，毅然挑起了总工会代理委员长的重担。11 月 29 日下午，刘华不幸被捕。在审讯中，刘华神情镇定，大义凛然，怒斥劝降的敌人：“为无产阶级解放事业献身，那是我最大的光荣。要我背离工人弟兄和劳苦大众，那只是你们的痴心妄想！”敌人恼羞成怒，对刘华进行了严刑拷打。见不奏效，他们又想用十万巨款来引诱刘华，遭到了刘华的严词拒绝。坚贞不屈的刘华让敌人无计可施，最后，他们把他押上囚车，在黄浦江畔高昌庙附近的荒野上残忍地杀害了这位工人运动的领袖。

刘华，把全部精力奉献给了中国工人阶级和整个民族的解放事业，他短暂而坎坷的人生历程中留下了一行闪光的足印。

03 孙炳文：意志坚强的革命志士

1945 年在中共七大追悼死难烈士时，朱德亲自撰文："炳文同志革命意志坚强，以民族民主革命的锐志而走到无产阶级的战士，是一贯的革命精神。"

孙炳文是朱德的革命挚友，1885 年出生在四川宜宾南溪城郊魏家山（今属南溪区街道）的一个农民家庭。他家里兄弟姊妹众多，生活非常困难。虽然从小聪明好学，但直到 8 岁有亲友资助，他才得以去私塾学习。1908 年，孙炳文考入京师大学堂。在大学里他不仅学习更加勤奋，还积极参加各种进步活动。1911 年，他加入了同盟会。他积极宣传资产阶级民主革命思想，被推举为《民国日报》总编辑。后来因为反对袁世凯复辟，被袁世凯追捕，只好回到南溪教书避难。

在朋友的介绍下，孙炳文与朱德相识，两人一见如故，相谈甚欢，从此以后，二人成为志同道合的亲密战友。朱德邀请孙炳文到自己的部队协助处理军政事务，孙炳文欣然前往。俄国十月革命以后，孙炳文和朱德看到了新的革命希望，俩人决定一起到马克思的故乡——德国去考察学习。1922 年 9 月，他们乘船出发了。他们先到柏林找到了周恩来，汇报了自己的思想和工作，并在周恩来的介绍下，一起加入了中国共产党。从此以后，孙炳文的革命生涯有了新的起点。

1925 年五卅运动以后，中国掀起了大革命的浪潮，国内急需优秀的革命人才。在中国共产党的号召下，孙炳文回国参加了革命。孙炳文到达广州以后，任国民革命军政治部秘书，同时在黄埔军校和广东大学任教。在黄埔军校，他参与起草和制定了政治部的工作方针和原则等，使政治部各机构在很短时间里建立起来；在广东大学，他讲授政治经济学，向学生介绍马克思主义原理，启迪学生思想，深受学生喜爱。

1926 年 7 月，国民革命军开始北伐，孙炳文任总政治部后方留守处主任。留守处主任工作繁忙，责任重大。一方面需要负责领导广东、广西和福建南部的工作；另一方面需要负责筹备国民革命军北伐所需要的枪支弹药、医疗用品、打仗的经费、前方部队战士的补充、后方后备力量的训练，等等。孙炳文亲力亲为，鞠躬尽瘁。为了杜绝贪污腐败，他严格管理，杜绝漏洞，并以身作则，严明法纪，使各项工作有条不紊地顺利开展，为北伐战争的胜利做出了巨大贡献。与此同时，孙炳文对各路军阀和帝国主义买办阶级、土豪劣绅、土匪流氓等恶势力相互勾结制造的一系列破坏北伐革命的反动活动，进行了坚决的斗争。

1927 年 1 月，孙炳文发表了《一年来的中国民族运动》一文，分析了国民革命军北伐胜利的原因，并在文中提出未来世界的主人是广大人民群众。该文引起巨大反响。4 月 6 日，孙炳文以总政治部后方留守处主任的身份，应邀在黄埔军校做了重要演讲。其时国民党反动派的反革命迫害活动已经非常猖獗，孙炳文不顾个人安危，毅然深刻地揭露了蒋介石反动派不革命、想篡权的阴谋。4 月 16 日，国民党反动派得到密报，在上海开往武汉的轮船上，将孙炳文逮捕了。

船靠岸以后，孙炳文就被押进龙华淞沪警备司令部看守所。入狱以后，他立即被戴上了沉重的手铐脚镣，受到了严刑拷打。敌人威逼利诱，试图劝降，但孙炳文毫不动摇，厉声斥责他们破坏革命、屠杀革命者的反动行径。孙炳文是老资格的革命者，社会影响力很大，国民党反动派是既恨又怕，唯恐夜长梦多，于是在 4 月 20 日凌晨，将孙炳文秘密杀害了。

牺牲时，孙炳文 42 岁，正是年富力强、一展宏图的大好年华。他的一生，一直致力于民族解放事业，无论情况如何艰险，他都保持着坚强的革命意志，值得我们永远学习。

04 李子洲：不惜身死救天下

李子洲

李子洲是中国共产党早期的优秀党员、陕西党组织的创建人之一、杰出的无产阶级革命家。他出生于陕西绥德一个小手工匠家庭，由于家境艰难，直到十五六岁才勉强上了私塾。他很珍惜这来之不易的学习机会，发奋读书，成绩优异，被赞为“寒门才子”。

1919年，27岁的李子洲考入北京大学哲学系，师从陈独秀和李大钊，受到了共产主义的教育和熏陶，找到了一直以来苦苦寻求的光明，从此踏上了风雨如磐的革命征程。五四运动爆发后，李子洲积极参加示威游行，被推举为学生代表。为使更多人了解当时社会黑暗状况和更广泛地传播马克思主义，李子洲创办进步刊物，天天奋笔疾书，发表了大量爱国言论和解读共产主义的文章，被小他一岁的毛泽东称为“北方之强”。

1923年初，李子洲加入中国共产党。在党组织的指导下，他积极工作，在陕西省立第四师范学校办学、中山学院执教和陕西省委的工作中撒播革命火种，激励着武装工农群众开展游击战争，建立工农红军，创建革命根据地。

1927年，国民党在陕西进行“清党运动”，逮捕共产党人，李子洲被迫转入地下工作。即使在革命处于低潮时期，他也对党对革命无限忠诚，鼓励同志们在艰苦的环境中坚定革命意志，继续与敌人展开斗争。1928年11月，陕西省委书记潘自力被捕，李子洲临危受命代理省委书记，在险象环生和艰苦卓绝的环境下继续进行英勇机智的斗争。1929年1月，由于叛徒出卖，陕西省委机关遭到严重破坏，李子洲等革命党人不幸被捕。

敌人抓到李子洲等人后，对他们进行了种种威逼利诱，妄图从他们身上得到重要机密。在审问中，李子洲立场坚定，英勇不屈，让敌人一无所获。敌人改变策略，在生活上对他进行“特殊关照”，卸掉他的脚镣，给他吃头等白面，想软化李子洲的意志，使他屈服。李子洲不为所动，严词斥责反动派们倒行逆施、失道寡助。敌人见软硬兼施都不管用，又采取了所谓的“攻心战术”。他们给每个“政治犯”发了一本《三民主义》的小册子，让李子洲给他们讲解。李子洲利用这个机会，向狱友们进行革命教育，揭露蒋介石的罪恶行径。敌人又威逼“政治犯”写为蒋介石歌功颂德的“效忠书”，还让他们写详细自传。这些都被李子洲坚决顶了回去。他毫不妥协，团结狱友，与敌人进行针锋相对的斗争。敌人黔驴技穷了，又重新给他带上沉重的镣铐，给他吃发霉的黑面和掺了沙子的小米。

牢房里阴暗潮湿，臭气熏天，还有无数苍蝇、跳蚤，让人难以入眠。李子洲在入狱前就已积劳成疾，在狱警、狱吏的残酷折磨下，他胃病加重，又患上伤寒，继而引发肺病，身体十分虚弱。狱友们心里难过，多次劝他用“济难会”（监狱外党救济受迫害同志的秘密组织）的经费买些滋补品，都被他婉言谢绝了，他要把钱留给其他同志。

他在给妹妹的信中写道：“我不怕死，我一个人牺牲了，还有更多的人活着，将来的社会必定是光明的，不要为我伤心掉泪。”信中，这位铁骨铮铮的陕北人民的儿子，表达了对革命必将胜利的信念和舍生忘死的刚强意志。写下这封家书后，他慨然赴死，走完了他铁骨铮铮、斗天斗地、为国为民的短暂一生，年仅 37 岁。

05 高恬波：受“披麻戴孝”酷刑宁死不屈

“披麻戴孝”的酷刑是指脱光犯人的衣服，用皮鞭将犯人抽打得血肉模糊，然后在身上涂上盐水，再贴上一层粗麻布，让伤口慢慢和麻布长在一起的一种酷刑。如果犯人不招供，就把粘着血肉的麻布一条一条地撕下来。面对这样的酷刑折磨，女共产党员高恬波大义凛然，慨然赴死，绝不低头。

高恬波 1898 年出生于广东惠阳（今惠州市惠阳区）的一个医生家庭，17 岁时逃离父母给她包办的婚姻家庭，到广州市妇孺产科学校学习。1923 年，她加入中国社会主义青年团，与新学生社的书记阮啸仙结为革命伴侣。1924 年加入中国共产党，成为广东第一个女共产党员。不久，她又以个人身份加入中国国民党，担任国民党中央妇女部干事，跟随何香凝、蔡畅等妇女运动领袖一起，从事妇女解放运动。同年 11 月，高恬波任共青团广东区委妇女支部第一任书记，发起成立广东女界国民会议促成会，通电全国，号召妇女起来参与解放运动。

在由彭湃创办的广州农民运动讲习所，高恬波接受了严格的军事训练，研究农民在中国革命中的作用。在她担任农民部农民运动特派员期间，为了和广大的农村妇女顺畅地交流，她学会了潮州话、海南话，和粤北、潮梅和海南等地区的贫苦民妇打成一片。她还用自己在妇孺产科学校学到的医术给穷人治病，尤其擅长治疗妇科病。广东顺德（今佛山市顺德区）、花县（今广州市花都区）一带的农村妇女称她是“活观音”。

1925 年广东省港大罢工爆发后，妇女部开办草鞋厂、缝纫厂，安置罢工的女工。她建议妇女部成立罢工女工传习所，教女工识字、写字、唱革命歌曲；建议以妇女部名义筹办贫民医院，利用自己的专长为产妇接生。她还在《妇女之声》杂志发表《妇女团结应注意之点》《三八国际妇女节与中国妇女解放》等文章，引导妇女投身解放运动。

在由何香凝等人创办的军人家属妇女救护员传习所，她为学员讲授包扎技术，培训北伐救护人员。在北伐过程中，她被推选为救护队队长，辗转湘、鄂、赣三省，行程万里。在北伐军进攻汀泗桥的战役中，她带领救护队冒着枪林弹雨抢救伤员，奋不顾身。有一次，她左腿中弹，仍咬牙坚持，一步一步把伤员背回阵地。官兵们称赞她为救护队的“女将军”。

1929 年 12 月，高恬波因被叛徒出卖而被捕入狱。审讯过程中，高恬波一身正气、慷慨激昂地宣讲革命道理，让监狱的看守们胆战心惊。军阀张辉瓒妄图从这个共产党的重要人物身上获得情报，亲自出马：“只要交出省委名单，马上可以放人。”高恬波假意允诺，冷不防用力抽了他一个耳光，打得他鼻子流血，气得张辉瓒浑身发抖。他咆哮着命令刽子手，让她尝尝“披麻戴孝”的滋味。

无论是威逼利诱，还是毒刑拷打，对这位久经考验的女共产党员都不起什么作用。她说：“到了你们手里，就没想要活着出去！我现在只求一死。”敌人恼羞成怒：“要死也不让你死得舒服！”高恬波在受尽了敌人的各种酷刑之后依然坚贞不屈，献出了年轻的生命。当时，她的丈夫阮啸仙已经担任中央宣传部部长，惊悉噩耗，挥泪写下“出师未捷身先死，长使英雄泪沾巾”的诗句。

06 高克勤：遭受凌迟，宁死不屈

于都，位于江西省赣州市东部，是赣南省苏维埃政府所在地、中央苏区最后一块根据地。当年，中央红军在此地集结开始长征，南方三年艰苦卓绝的游击战争也起源于此。于都人民为革命胜利做出了重大牺牲，中华人民共和国有十六位将军从这里走出。

高克勤就是于都县人，1910 年他出生在禾丰乡（今禾丰镇）一个贫苦的农民家庭。他们家世代为农，高克勤从小就深深体会到被剥削和被压迫的苦难。1926 年，高克勤到于都县城求学。他刻苦勤奋，善于思考，在马克思主义的影响下，立志为穷苦百姓谋福利。这年冬天，他光荣地加入了中国共产党。

1927 年 1 月，高克勤参加了赣州农工运动训练班的学习，后回到家乡开展农民运动。他以教书为掩护，在学校里秘密宣传马列主义。教书之余，他到乡亲们家里与他们促膝长谈，告诉他们只有打倒土豪劣绅，才能有好日子。在他的组织领导下，1927 年春，石园背村建立了禾丰乡第一个农民协会。1928 年 1

月，在赣南特委的指示下，于都又成立了农民暴动总指挥部。随后，高克勤等人领导了南乡暴动，农民烧毁了地契，重新分配了土地，轰轰烈烈的农民运动在于都开展了起来。

1929 年 3 月，高克勤与同志们在里仁地区组织了一支游击队，他们配合红五军，成功解放了于都县城。4 月，以这支游击队为基础，组建了于都县赤卫大队，高克勤为主要负责人。他领导赤卫队，转战在南乡与西乡一带，令敌人闻风丧胆。9 月，反动地主武装纠集几千人组成靖卫团，在于都南部地区进行疯狂反扑，到处烧杀抢掠、清算报复。高克勤率领赤卫队同敌人展开殊死搏斗。由于敌多我少，高克勤指挥赤卫队边打边退，最后在棺材寨遭到敌人包围。高克勤在带领赤卫队突围时不幸被捕。

敌人把高克勤押到了禾丰乡，逼他说出党员和农民协会成员的名字，而高克勤只字不吐。敌人用酷刑逼他开口，踩杠子、打地雷公、烧线香等都用上了，当时高克勤的手指被夹断，血肉模糊，身上被烧得体无完肤，但他依然坚贞不屈，守口如瓶。敌人又把他押回老家，胁迫他的亲人劝说他“投诚”。亲人们看见他被折磨得遍体鳞伤的悲惨样子，都心疼得直抹眼泪。高克勤反而劝慰大家不要难过，他深情地告诉乡亲们，只有跟着共产党走，以后才会有好日子。

敌人软硬兼施，阴招耍尽，见一点也没有起作用，遂动了杀心。他们想用最残酷的刑法处置高克勤，以杀一儆百，震慑革命群众。他们把高克勤押到了刑场，用锋利的刀割去了他的耳朵，他的脸上瞬间鲜血直流。他们又用刀从他额头上猛割一下，撕下皮肉来盖住他的眼睛，然后用刀将他身上的皮肉一块块割去。这种凌迟极刑，是万恶的封建社会时期用在十恶不赦的犯人身上的。现在，却被丧心病狂的靖卫团用来对付年轻有为的有志青年！高克勤的鲜血，染红了脚下的黄土地。乡亲们见他受此大罪，无不掩面而泣。在生命的最后一刻，高克勤用尽全力，向乡亲们高呼："同志们，别难过，我死了以后还有高克勤。坚决打倒国民党！打倒土豪劣绅！为革命奋斗吧！"

一个朝气蓬勃、意气风发的青年人，年仅 19 岁，却胸怀为人民谋幸福的伟大理想和视死如归的坚强革命意志，不愧为我们中华民族的脊梁！

07 张子清：红军中的“关云长”

张子清

三国时期，关云长被箭矢射中左臂，后虽伤口愈合，但逢阴雨天，手臂经常疼痛难忍。华佗说箭矢有毒，毒已入骨，只能刮骨疗毒才能根除。关云长当即伸出手臂让其刮骨，并且拒绝使用麻沸散，一边让华佗给自己治疗，一边与众将领饮酒下棋，谈笑风生，其英雄气概令人叹服。在红军将领中也有一位不用麻醉而切骨取弹的英雄——张子清，被毛泽东称为红军中的“关云长”，他坚强的意志令人钦佩。

张子清，又名张涛，1902 年生于湖南益阳一个爱国军人家庭。从小便有着强烈爱国主义情怀的他，长大后积极投身于救国救民的革命中。1925 年他加入了中国共产党，参与了北伐战争。1927 年，张子清随团参加了毛泽东领导的秋收起义，后率部开展游击斗争，攻克遂川、宁冈等地，为井冈山革命根据地的开创做出了很大贡献。

1928年，朱德、陈毅率军向井冈山转移，张子清奉命进行掩护。面对敌人的强大火力，他沉着应战，打退敌人十多次冲锋，杀伤敌人几百名，坚守阵地两三天，为部队转移赢取了宝贵的时间。然而，在这场战斗中，他的左脚骨被打断，子弹嵌入踝骨。由于当时的医院条件非常差，连一些基本的药品和医疗器械都没有，要想把弹头取出来，只能在没有麻醉的情况下切开脚板。医生犹豫了，但张子清安慰医生说："开刀吧，我经受得住。"就这样，在没有麻药的情况下，医生开始了手术。他的脚板被切开很深，医生用钳子扎入骨缝寻找子弹，想把子弹取出来，但由于子弹嵌入太深，没有露出头，怎么也夹不出来。钳子在脚踝上取弹头，就像刀子在骨头上刮肉，剧烈的疼痛让张子清脸色青紫、大汗淋漓，甚至昏迷了几次，但他始终咬牙坚持，配合医生的手术。张子清在没有麻醉药的情形下，连续做了两个钟头手术的事，让毛泽东知道了。毛泽东长长地叹了一口气，感慨地说："我说了，张子清是红军的关云长！当年关云长让人做'刮骨疗毒'的手术，咬得牙关铮铮响。现在张子清切开脚板用钳子夹弹头，几次痛得昏过去，这不是与关云长一样吗？"

因为流血过多，伤口感染严重，又没有药物治疗，张子清的左脚严重发炎，肿胀得如大腿一般粗。上级领导让他转移到条件好一点的地方治疗，被张子清拒绝了。他选择坚守井冈山，带伤坚持战斗。为了防止感染扩散，医生只能把腐肉一点点清除，每次张子清都疼得满头大汗。由于敌人对根据地的经济封锁，药品短缺，洗伤口的酒精没有了，就用盐代替，但盐同样是急缺的物资。有一位同志把自己省下的一点盐用油纸包了，送给张子清清洗伤口。但他舍不得用，他知道这包盐的珍贵程度，就把这包食盐默默地放到了枕头下。不久后，敌人又发起猛攻，医院涌入一批急重伤员。用于消毒的盐严重不足，张子清便摸出那一小包食盐交给护士，请求她立刻把盐化成盐水为伤员擦拭伤口。护士知道他的伤也很严重，经常疼得夜里睡不着，却一直舍不得用盐清洗伤口，而用金银花水代替，就请求他留下这包盐自己用。但他执意要将这包食盐捐献出来，医生只好流着眼泪拿走了食盐。大家都深深地被张子清舍己为人的精神感动了。张子清的伤势越来越重，身体越来越虚弱，但他仍坚持工作。1930 年 5 月，张子清因伤重不治，牺牲在永新县洞里村蕉林寺，年仅 28 岁。

感染肿胀的左腿、嵌入骨缝的子弹和枕头下的那包盐，张子清这位赤胆忠心的钢铁战士，让我们感受到革命战士百折不挠的意志、坚韧不拔的毅力和舍己为人的奉献精神。

08 杨峻德：继我而起者，尚复大有其人

“咱们都是穷苦人，祖祖辈辈都没过上好日子，我去为穷人打天下，将来咱们的孩子大了，就不再受苦了。”这是杨峻德和已怀有六个月身孕的妻子告别时安慰妻子的话。谁也没想到，这竟是夫妻的永别！

杨峻德，1900 年出生于福建建瓯一户贫苦的家庭，父亲是个老银匠。他从小聪明好学，品学兼优，立志救国救民。1921 年，杨峻德以优异的成绩考取了中国大学法律系。在北京，他边打工边学习，在学校老师李大钊等人的影响和启迪下，接受了马克思主义。1926 年，杨峻德加入了中国共产党。

1926 年 7 月，杨峻德受党组织的派遣，回建瓯开展工作，以配合北伐军进军福建。他深入工农群众，宣传革命道理，在很多地方组织起了农会。革命的烈火，在他的带领下，迅速蔓延起来。

1927 年 5 月，杨峻德离别怀孕的妻子，赶往福州，去重建遭到破坏的中共党组织。在他的艰苦努力下，次年 1 月，中共

福州市委成立，杨峻德任福州市委书记。9月，中共福建省委正式成立，杨峻德当选为省委候补委员。不久，他在崇安（今武夷山市）成功组织了第二次农民武装暴动。在和军阀斗争的过程中，杨峻德和同志们成功地将十六支民众队整编为红军，亲自拟写了《红军之意义》《红军之组织》等文件和宣传大纲，从而为闽北革命根据地、闽北工农红军的建立奠定了坚实的基础。不久，杨峻德任闽北特委书记。在他的领导下，崇安成功地进行了土地革命。1930年5月1日，崇安县第一次工农兵代表大会召开，闽北第一个县级人民政权——崇安县苏维埃政府宣告成立。人民群众拥护新政权，纷纷报名参加红军，以崇安为中心的拥有二十多万人口的闽北革命根据地正式形成。

1931年3月25日，时任福建省委常委、秘书长兼组织部部长的杨峻德去厦门开会传达中央指示。他同往常一样，用油布包好文件藏在伞里面，穿上长衫，背上药箱子，装扮成一个医生的模样。在经过关卡时，被国民党特务怀疑雨伞里藏着“秘密”，于是他果断地将文件撕碎吞入口中。被捕以后，他与敌人斗智斗勇，巧妙地隐藏自己的身份。但不久，国民党特务查出了他的真实身份，欣喜若狂，以为钓到了“大鱼”，妄想着撬开他的嘴。这样的话，整个共产党的福建省委，甚至全省的地下党组织，就可以“一网打尽”！国民党特务先是威逼利诱，极尽劝降之能事，说以杨峻德法律系高才生的能力，只要说出真相，荣华富贵的生活指日可待。他镇定自若，不为所动。敌人见诱降不成，开始施以酷刑，轮番审讯。杨峻德被折磨得遍体鳞伤，却始终不开口。国民党特务仍不死心，又把他当作要犯秘密押往南京，进行变本加厉的残酷折磨。这位意志坚如磐石的中国共产党的优秀领导人，始终坚贞不屈，至死不开口。

国民党特务用尽酷刑却一无所获，怒下黑手，于5月23日在南京雨花台杀害了杨峻德。杨峻德以自己年轻的生命保守了党的秘密，保护了整个福建省委同志们的安全，是一位意志坚强的好干部！

09 郭隆真：六次入狱也绝不屈服

一生六次入狱，多次遭到最残酷的折磨和刑讯，却不曾吐露半点党的秘密，慷慨赴死，这位杰出女性就是回族巾帼英雄郭隆真。她是河北省第一位女党员、中国共产党早期的女革命家、北方妇女运动的先驱者和工人运动的卓越领导人。

郭隆真，1894 年 4 月出生在河北元城（今邯郸市大名县）

郭隆真旧居

一个士绅家庭。她自幼果敢刚强，母亲要给她裹小脚，她坚决反抗，甚至用绝食来抗争，直到母亲放弃。后来在自己的婚姻和求学的事情上，她都表现出独立自主、敢作敢当的一面，为自己争取到了自由的权利。1919 年五四运动爆发的时候，她正在天津读书，和邓颖超等人一起筹备成立了“天津女界爱国同志会”。她们满怀爱国热情，和同学上街游行、示威、演讲，检查日货，进行反帝爱国斗争。其间表现出卓越的号召能力和组织能力，成为天津学生运动的领袖。

1919 年 8 月，山东军阀镇压爱国运动，激起了公愤，郭隆真等进京请愿抗议，而反动政府下令逮捕学生代表，郭隆真等二十多人被捕。后来，在社会舆论的强大压力下，反动当局不得不将他们释放。这是郭隆真第一次入狱。由于反动当局对爱国人士迫害愈加残酷，10 月 1 日，郭隆真再次进京请愿，她毅然登上总统府门前的石狮子，痛斥总统的卖国行径，遭到反动政府的再次逮捕。经过各界人士抗议，四十天后她才被释放。1920 年 1 月，反动当局查封了天津各界联合会和学联，逮捕了学生和各界代表。1 月 29 日，爱国学生、各界人士挺进省公署请愿，反动军警强行逮捕了走在最前列的周恩来、郭隆真等四位代表。这是郭隆真第三次入狱。当时在冬季，敌人故意不给他们被子，也不给生火。不久，郭隆真就被冻病了，但她仍坚贞不屈，继续与反动派进行斗争。半年后，反动当局才将他们释放。三进三出，郭隆真都临危不惧，而且斗志更加昂扬，被称为是一位意志刚强的“大姐”。

五四运动后，郭隆真到法国和俄国学习。1923 年，加入中国共产党，成长为一名坚定的共产主义战士。1925 年，郭隆真回到祖国，党组织分配她到李大钊负责的国民党北京特别市党部妇女部工作，任妇女委员会委员。1927 年 4 月，蒋介石叛变革命，李大钊等革命者惨遭杀害。在异常危险的局势下，郭隆真仍镇定自若地坚持斗争。为了掩护同志转移，她自己留下销毁机密文件，不幸被捕。在狱中，敌人对她刑讯逼供，但没有得到任何证据和口供，却强行判处她有期徒刑十二年。一年后，经党组织多方营救，她才出狱。此时，她 34 岁。

1930 年 5 月，在参加党的会议时，郭隆真与同志们不幸被捕。这次，由于事先编好口供，敌人无可奈何，只得将他们释放。至此，郭隆真已经五进五出监狱。

1930 年秋，郭隆真到山东工作。在国民党的白色恐怖中，郭隆真不畏艰难，深入工人中间活动。敌人对郭隆真又恨又怕，11 月 2 日，郭隆真被尾随的敌探逮捕。敌人对她施以各种酷刑，逼她说出党的组织和她的任务，要她写悔过书。但她始终坚贞不屈，严词拒绝。敌人用尽伎俩，却连她的真实姓名、身份都搞不清楚。11 月 17 日，敌人将郭隆真押解到济南第一监狱，想在生活上摧残折磨她，压垮她的意志。郭隆真每天只有两个又黑又硬的窝头，或是掺了沙子和发霉的饭团，连开水也是一星半点。她被折磨得面黄肌瘦，患上重病，得不到任何治疗。

共产党人的意志是压不倒、折不弯的。面对敌人的残酷折磨，郭隆真意志坚韧，绝不妥协。她坚韧不拔、大义凛然的革命精神，让狱吏都表示敬佩。1931 年 4 月 5 日，郭隆真被绑赴刑场。在行刑前，敌人还是不死心，诱导她只要讲出共产党员的一点点线索，就可以释放她。郭隆真昂头冷笑，大声嘲弄敌人，坚定地回答："宁可牺牲，决不屈节！"她高呼革命口号英勇就义，年仅 37 岁。

"她是一位坚决勇敢、不顾一切、专诚不懈的奋斗者。"邓颖超如此评价她心目中的郭大姐。周恩来评价她为"最坚强的战士"。

10 谭寿林：杀头当作风吹帽，坐监也要闯上天

谭寿林

“杀头当作风吹帽，坐监也要闯上天。”这是谭寿林烈士在就义前写下的诗句。谭寿林是广西早期党的主要领导人、全国总工会秘书长。1931年5月30日牺牲于南京雨花台，时年35岁。

谭寿林1896年出生于广西贵县（今贵港）的一个农民家庭，从小读书就很用功。1917年，谭寿林考上贵县中学。他学习刻苦，成绩优秀，深得老师的喜爱，在同学中也很有威望。他常在作文中表达自己忧国忧民的思想和挽救中华的抱负。当五四运动开始后，他积极投身革命运动。1921年，谭寿林考入北京大学英文预科班，在李大钊的教育下，接受了马克思主义思想。1924年秋，谭寿林加入中国共产党，进行革命活动。

革命活动期间，谭寿林在腥风血雨中为革命操劳，曾几次被敌人拘留、逮捕，但他毫不屈服。1926 年 12 月，谭寿林在领导梧州人民的抗捐运动中被捕。警备司令部捏造罪名，妄图杀害革命者，把谭寿林等一起被捕的同志关进死牢，戴上手铐脚镣，不准他们交流。当时正处寒冬，反动派不给他们棉衣棉被，对他们百般虐待。谭寿林毫不害怕，一直坚持斗争。1927 年春，在党组织的营救下，谭寿林等五位同志被押到广州释放。一得到自由，谭寿林就立刻投入到紧张的革命工作中。当时斗争形势严峻，他改名换姓，坚持地下斗争。

1928 年以后，谭寿林在上海积极从事工人运动。他生活简朴，随身只有一只旧藤夹，身上一套西服，天冷天热都穿着。生病了也不请假休息，直到高烧卧床不起，才找医生简单看一下，病刚好就又照常工作。他还把每月生活费节省一半下来交给组织或帮助困难同志。谭寿林艰苦奋斗、忘我工作的革命精神给同志们留下了深刻的印象。

1931 年 4 月 22 日，谭寿林因叛徒出卖被国民党反动派逮捕。敌人先把他关在临街的一个大铁笼里，四周罩着铁丝网，晚上就让他睡在冰冷的水泥地上。第二天，他又被关押到上海公安总局看守所。在审讯中，敌人先对他进行欺骗利诱，继而施以各种酷刑。他们将谭寿林“反上吊”两个小时，又用烧红的铁条烫他的身体，把他的胸部和腹部烫出一道道烙印，直到他疼得昏死过去。谭寿林以钢铁般的意志，咬牙顶住重刑带来的痛苦，经受住了严峻考验，始终严守党的机密。当他第二次被审讯时，遇到了同时被捕的同志，但他们不能交谈，谭寿林就用脚在地上偷偷写了一个“不”字。这简单的一个字，就是在告诉同志，在敌人面前，不要恐惧，不要屈服。和他一起被关押的同志后来回忆说：“谭寿林常以‘为革命不怕牺牲，必须保持共产党员的气节’来教育和鼓励被捕的革命难友，他的这种革命精神，深为难友们所感动和敬佩。”

敌人继续用“坐老虎凳”等种种酷刑来折磨谭寿林，但谭寿林始终顽强不屈，坚持“头可断，血可流，党的利益不能损害”的大无畏革命精神，保持了共产党员的革命气节。自作聪明的敌人改变了策略，他们找了个阴森森的土地庙，在庙里审讯谭寿林，企图利用鬼神使谭寿林屈服。敌人问：“在菩萨面前还敢不讲真话吗？”谭寿林诙谐地回答：“我在菩萨面前不讲假话。”敌人用尽各种方法，却得不到一句有用的口供，于是他们“判处”了谭寿林死刑。

临刑前，敌人问谭寿林有无家庭、朋友需要通信，他怕连累同志们，拒绝写最后的通信。5 月 30 日，谭寿林在南京雨花台英勇就义，为人民的解放事业献出了年轻生命。“几度铁窗坚壮志，千番苦战表精忠。丹心贯日情如海，碧血雨花气若虹。”谭寿林的妻子钱瑛，用这首诗纪念谭寿林烈士光辉和战斗的一生。

11 陈洪涛：革命人的钢筋铁骨

陈洪涛，原名陈素华，1905 年出生于广西东兰一个贫苦的壮族家庭。8 岁进私塾读书，后来，他考取了设在百色的省立第五中学。因为家境贫穷，他的学费是乡亲们凑出来的，他牢牢记得这份恩情，决心以后要为穷苦人办事。由于他在学校联络进步同学进行革命宣传，引起校方不满，1925 年退学回乡，投身于农民革命运动。1926 年春，他加入中国共产党，之后长期从事群众宣传工作。

蒋介石发动“四·一二”反革命政变后，中共广西党组织遭到严重破坏，革命进入低潮。陈洪涛在没有与上级党委取得联系前，仍然坚持革命斗争，向农民宣传革命道理，揭露国民党反动派的罪行。1930 年 6 月，红七军收复右江沿岸各县，革命形势向好，由陈洪涛任右江特委书记和右江苏维埃政府主席。红七军撤离右江北上后，陈洪涛任二十一师政委，在右江坚持斗争。1931 年开始，桂系军阀向右江根据地发起了多次“围剿”，陈洪涛根据敌情，做出周密部署，有力地打击了敌人。

在陈洪涛的影响下，他的一家人都是硬骨头。敌人要把群众驱赶到集中营去时，陈洪涛的母亲不管敌人如何恐吓和利诱，宁愿饿死在山上，都不肯下山投降。敌军围攻时，陈洪涛的妻子被捕了，当时她还带着不满半岁的孩子，敌人让她说出陈洪涛的下落，她宁死不说，丧心病狂的敌人竟一把抢过孩子，将其活活摔死。陈洪涛的妹妹为了掩护他，带着敌人在山上兜圈子，最后纵身跳进激流，为革命英勇献身。

在敌人的疯狂“围剿”封锁下，红军的生活陷入前所未有的困境，粮食和弹药严重缺乏，陈洪涛和战士们只能以野菜充饥。为了避免暴露目标，不能生火，他们只能吃生的。在这样恶劣的环境下，他始终满怀信心地坚持斗争，深入群众，耐心细致地做工作，和战士们同甘共苦。战士得了病，他亲自煎药；战士们吃不饱，他就省下自己的给战士吃。他还常常鼓励战士：“有句老话，‘吃得苦中苦，方为人上人’。这话不对，应改说‘吃得苦中苦，方为革命人’。吃得苦，才能磨炼出坚强的意志，铸造出一幅钢筋铁骨。”

1932年8月，新桂系当局向东凤苏区中心地——西山进行第三次“围剿”，悬赏一万银圆缉拿陈洪涛。1932年12月上旬，由于叛徒出卖，陈洪涛被捕。敌人用铁丝捆绑着他，送到百色关押。沿途他不断向群众宣传，让大家警惕叛徒，继续革命。敌人惊慌失措，把陈洪涛的嘴打得鲜血直流，但他仍然边走边讲，毫不退缩，沿途群众都以敬佩的眼光注视着这位视死如归的共产党员。

陈洪涛到了百色后，敌人认为他是共产党的重要干部，就用一系列阴谋诡计，妄图从他口里得到共产党的机密。他们先是用女色引诱他，找来一个妖艳的“女招待”，丑态毕露地向陈洪涛献媚，陈洪涛气愤地打翻杯盘，赶走了这个“女招待”。敌人见一计不成，又施一计：敌军师长一会儿吹捧他是人才，定会得到国民党的重用；一会儿又用言辞恫吓他，说他如果执迷不悟，后果不堪设想。陈洪涛大义凛然地对敌人进行驳斥，指出他们必将自取灭亡。敌人到头来自讨没趣，一无所获。

最后，敌人把所有刑具都摆出来，以酷刑审讯他。他的一只耳朵被打聋了，右手臂被折断，几次昏死过去，但他始终没有向敌人屈服。敌人挖空心思都没有得逞，决定杀害陈洪涛。1932年12月22日，陈洪涛迎着凛冽寒风，迈着刚毅的步伐走向刑场。沿途，他还在慷慨激昂地向群众宣传：“国民党是残害人民的刽子手，一定会被共产党消灭，共产党一定会胜利！”他高呼：“中国共产党万岁！革命胜利万岁！”陈洪涛壮烈牺牲于百色城郊，时年27岁。

12 林锵云：狱中也要坚持斗争

在珠江三角洲的一带水乡，有一支抗战队伍的英雄传说，被当地老百姓传颂至今，那就是中国共产党领导下的珠江纵队。这支队伍在抗战时期保家卫国、打击日寇、清除汉奸，为抗战做出了很大贡献。这支队伍的组织者和领导人，就是林锵云，珠江纵队的司令员，也是后来的广东省副省长。

林锵云

林锵云，广东新会（今江门市新会区）人，1894年2月出生于一个贫苦的农民家庭。他十几岁就跟着父辈艰苦谋生，后来走上了革命的道路。1926年加入中国共产党，一直在香港和上海进行地下工作。尽管当时斗争形势严峻，地下党员的处境十分艰难，林锵云仍然无所畏惧，满怀激情地为党工作，四处奔忙。

1933年5月，因为叛徒的出卖，林锵云不幸被捕，先后被关押在当时的上海公安局和南京宪兵司令部。在被关押期间，敌人对他进行了多次惨无人道的酷刑折磨，企图使他屈服。不管是受电刑还是坐水牢，林锵云都咬紧牙关，一个字儿也不泄露，始终没有暴露自己的党员身份。但是，敌人还是无理地判处他无期徒刑，把他关押在苏州国民党江苏陆军军人监狱。

在监狱里，国民党反动派对像林锵云这样所谓的“政治犯”进行了非人的虐待。十几个人挤在一间小牢房里，空气污浊不堪，这样很容易出现疟疾、伤寒一类的传染病。监狱每天只给他们一点发臭的霉饭，还经常打骂他们。在这样的环境下，很多革命者都生病了，林锵云也染上了疟疾，常常发高烧，差点失去了生命。但林锵云从不屈服，即使在这样恶劣的环境中也坚持斗争，带领狱友们一起要求监狱改善伙食，并且让他们出去放风半小时，可以呼吸一点新鲜的空气。为了获取斗争的胜利，林锵云和狱友们一起进行了绝食斗争。敌人剥掉他们的棉衣，用藤条抽打他们的身体，强迫他们吃饭，但他们坚决抗争到底，拒绝恢复饮食，最终迫使敌人答应了他们的条件。

林锵云在狱中也在坚持学习，从来没有放弃过自己的信仰和对党的忠诚。他小的时候家境贫穷，只读过三年私塾，参加革命以来，由于工作繁忙，也没有机会读书。虽然被关押在监狱中，环境恶劣，林锵云却把这段时间充分利用起来，进行自我提高。他把监狱当成了学校，请狱友当他的老师，刻苦学习起来。监狱里不允许看书，林锵云经过巧妙的伪装，偷偷保存了一本恩格斯的《自然辩证法》，一有机会就拿出来阅读。这本书也被狱友们视为珍宝，争相传阅。监狱里没有纸笔，他就用手指头沾着水在地板上练字，一直坚持了好几年，终于练成了一手好字。

就这样，在反动派的监狱里，林锵云以坚定不移的精神和敌人进行了不屈不挠的斗争，同时还加强了自我学习和自我提高。抗战全面爆发后，国民党正面战场大溃败，监狱管理也陷入混乱，林锵云和狱友们趁机逃了出来，辗转找到了党组织，继续为党工作。他被党组织派往珠江等地组织游击战争，成为一名出色的指挥员、战斗员，带领珠江纵队取得了抗日斗争的一个又一个胜利。

13 王稼祥：无麻醉取弹片，勇斗病魔

王稼祥塑像

王稼祥年轻时在苏联留学五年，被称为“共产主义教授”，是“二十八个半布尔什维克”之一。1935年遵义会议上，他拥护以毛泽东为代表的正确路线。会后，他同毛泽东、周恩来一起组成中央三人军事指挥小组，为中国革命战争的胜利做出了重大贡献。他不仅是中国共产党和中国人民解放军的卓越领导人，还是以惊人的意志终生与弹片做斗争的坚强战士。

1933年4月27日，王稼祥正在江西乐安主持召开红一方面军总部军委会议，国民党军飞机突然轰炸军委驻地，王稼祥被弹片击中。军委卫生部部长贺诚给王稼祥检查伤口时，发现弹

片打进了他的右腹部，打穿了肠子，击中了胯部、骨盆，还造成脑震荡和耳膜出血。周恩来立即请医生前来救护，医生用电磁铁吸出了部分弹片，但是一些残留在肌肉深处的弹片仍无法取出。党组织决定由贺诚亲自带领医务组和一个警卫队，护送王稼祥到瑞金红军总医院救治。

瑞金总医院的条件很差，连必要的X光机也没有，无法确定弹片的确切位置，不能动大手术，只好采取保守疗法。卫生部向上海地下党发电报求助，由他们搞到了一台X光机，查清了弹片的部位。由于当时的医疗条件有限，主治医生不同意给王稼祥做手术取弹片，只同意切开引流，打开腹腔放脓。在没有麻醉剂的情况下，医生给王稼祥取出了部分弹片。战士们赞叹说："古时候关羽刮骨取箭疗毒，与王稼祥同志这样的大手术相比，真是小巫见大巫了。"此后四十年，他一直强忍着弹片带来的疼痛与病魔做斗争。

1935年6月，红军到达了长征途中跨越的第一座雪山——夹金山。这座山海拔四千多米，终年积雪，寒气逼人，气候变化无常，只有上午9点到下午3点才能翻山。别的时间行军太危险，很容易迷路，冻死在山里。当地居民称这座雪山为"神仙山"，意思是只有神仙才能翻过的山。6月17日早晨，王稼祥骑马上山，到了半山腰，伤口痛得实在支持不住，只好下来步行。担架员看他实在疼痛，要用担架抬着他上山，他却说："你们也太累了，还是让我慢慢走吧！"他凭着顽强的毅力，拖着被弹片折磨的身体，踉踉跄跄地往前挪动，终于爬到山顶，翻过了白雪皑皑的山峰。

1936年，美国医生马海德来到陕北，为王稼祥诊疗。王稼祥的腹部伤口很大，腹膜发炎，体温偏高，要想彻底治疗必须打开腹腔取出子弹。但是，当时医疗条件太差，达不到要求，只得仍采取保守疗法，打针吃药，加强营养，尽力缓解和控制病情。当马海德医生得知他是带着这样的重伤走完长征时，惊叹不已："这么重的伤，居然能挺过异常艰苦的漫漫长征，要有多么顽强的意志啊！简直令人难以想象！"

中共中央终于通过共产国际代表张浩和共产国际取得了联系，成功安排王稼祥到苏联治疗。在莫斯科的一家大医院，王稼祥接受了手术，终于完全清除了留在他腹部四年多的炸弹碎片、碎骨和腐骨，但是重伤留下的病痛却一直折磨着他。他拖着这样的病体，担任中国共产党驻共产国际代表团负责人，在中国共产党内第一个提出"毛泽东思想"的概念，继续为中国革命和中苏外交关系奉献余生。

14 傅有智：两次生命都献给党

我们的党百年中，在各个历史时期，都涌现出无数为党为民奉献一切的革命英烈，他们为夺取革命的胜利前赴后继、英勇奋斗，直至把自己最宝贵的生命也献给党。在这些可歌可泣的英雄中，傅有智身经两死、毅然不屈的事迹令人感佩。

傅有智，早年就读于福建厦门同文中学，因为家道中落，他学习的费用要靠课余和节假日卖甘蔗来筹集。中学毕业后，他在一家洋行做事，贫富悬殊等社会的种种不公现象，激起了傅有智的愤慨，他要为改变这种黑暗腐败的社会而努力。1929年，傅有智参加了共青团，开始发动学生进行革命活动。1930年，傅有智加入了中国共产党，领导学生支部的工作，成为共青团厦门市委干部。

1930 年 7 月，中共福建省委决定在 25 日举行一次打击盐税局的集会。集会前一天，有人把集会时要发的传单先行发了出去，导致行动的时间、地点暴露了。集会当天，警探事先埋伏在广场，傅有智和其他五名同志一起被捕入狱。敌人发现了他身上的传单等物，便对他威逼利诱，却毫无所获。敌人看他和一起入狱的同志们在严刑拷打下都绝不屈服，没有办法从他们身上获得想要的信息，就在7月31日对他们执行了死刑。晚上，厦门打石字海滩上响起了罪恶的枪声。枪响过后，傅有智和他的难友们倒下了。因为当时下着大雨，刽子手急着回去交差，没有仔细检查就匆匆离开了刑场。第二天他们才发现少了一具遗体，就是傅有智。原来傅有智虽然中了五枪，但没有被击中要害，子弹从面颊、脖项、肩膀、腋下穿过，导致他流了很多血，昏了过去。半夜，大雨把他淋醒后，他以极大的毅力，忍着剧痛，慢慢挪到墙边，艰难地把捆绑他的绳子磨断了，然后迅速离开了刑场。他找到了住在厦门的一位亲戚，这位亲戚深明大义，帮助他处理好伤口，又帮他换了衣服，给他吃了一顿饱饭，然后找到一个石洞把他藏了起来。第二天，傅有智辗转到住在鼓浪屿的三嫂家养伤。他三嫂千方百计找来医生为他治伤，在亲人的精心照顾下，他的伤慢慢好了。

傅有智身上的伤刚有好转，就急匆匆回到家乡福建安溪，向党组织汇报情况。向党组织汇报的时候他心情激动，表示要献出余生，革命到底。他“枪杀不死”的传奇故事让同志们深为感动，一时传为美谈。在这之后，他在安溪县委领导下，继续进行革命斗争。先在安溪登虎榜组织农会、赤卫队和建立党支部，不久，又在横坑、上智、竹塔等地建立了农会和党组织，紧密配合游击队的行动，领导农民实行减租减息、打击地方的土豪劣绅，成绩卓著，受到广大农民的拥护。

1933 年 8 月，安南永德第一个区级苏维埃政权——官桥区革命委员会成立，傅有智任主席。他发表讲话，号召大家要在中国共产党的领导下彻底实行革命，保卫红色根据地。新成立的红色政权，使当局大为恐慌，他们千方百计要对苏维埃政府进行镇压。反动头目密谋策划了一场陷阱，逮捕傅有智等十三人，送到了安溪县监狱。1933 年 9 月 17 日，傅有智在安溪县凤冠山英勇就义，第二次献出了年轻的生命。这距离他从第一次刑场上奇迹生才不过三年又四十八天。

为实现创建人民共和国的理想，傅有智经历了两次生死考验，都以强大的意志和坚定的信念表达了对党和人民的无限忠诚。他的名字将永远留在中华人民共和国的史册上，他的事迹也永远激励着我们为实现中华民族伟大复兴而努力奋斗。

15 项与年：打掉牙扮乞丐巧送情报

一个衣衫褴褛、蓬头垢面的乞丐一看到持枪的红军战士，就彻底瘫坐在地上，使出仅有的力气说："我要见周副主席……"周恩来见到项与年，大吃一惊。项与年送来的绝密情报，帮助危在旦夕的红军抢在敌人的"铁桶计划"布置完毕之前，及时进行了战略大转移，迅速逃出敌人的包围圈，开始了举世闻名的万里长征。

项与年是福建连城人，1925年加入中国共产党之后，一直从事上海与苏区的机密情报联络工作，是周恩来直接领导的中央特科成员之一。1929年，他和中央特科红队的战友在上海霞飞路昼夜守伏，击毙出卖中国共产党领导人彭湃的叛徒白鑫。中共中央机关从上海迁往江西革命根据地后，他继续留在上海从事地下活动。1933年，项与年潜伏在国民政府内部，任江西省第四保安司令部情报参谋。1934年，项与年随军长征，中途又被党组织派往香港，开展秘密联络活动。在长期艰苦的秘密革命活动中，他立场坚定，工作积极，认真负责，对党忠诚，机智勇敢，曾获得上海党组织颁发的“反敌特斗争胜利奖”。

1934年10月，蒋介石亲自飞到庐山牯岭，向五省军政要员部署“围剿”中央红军的“铁桶计划”，希望通过此次战役一举完成“剿共”大业。一百五十万大军配备二百七十架飞机和二百门大炮，直奔瑞金而来。从距离瑞金三百里处开始形成包围圈，每间隔十里就设一道铁丝网和封锁线，切断红军的后备物资支援，封锁信息，妄图在三十天内将红军主力压缩到狭小的“铁桶”内彻底歼灭。这个由德国军事顾问制定的“围剿”计划，仅文件就重达两三斤。中央苏区和红军都面临着巨大的危险，军情十万火急。从事共产党地下工作的国民党高官莫雄，冒着杀头的危险，连夜带回“剿匪”手册、铁桶“围剿”计划以及进攻路线、日程安排等各种文件，派在他司令部里工作的项与年把这些文件交给中共中央。项与年等人连夜准备好四本四角号码字典，使用特种药水在上面写好“铁桶计划”的内容。项与年装扮成教书先生把字典装进布袋，连夜起程赶往中央苏区送情报。为了减少与敌军的接触，便避开大路，晚上利用夜幕掩护翻山越岭。经过三四天的风餐露宿，他形容憔悴，几乎耗尽了体力。越靠近瑞金，封锁越严，山上布满了铁丝网，关卡上的敌人和哨兵时刻保持着警惕。他苦苦思索怎么继续闯过重重关卡，最后决定走回大路，假扮成乞丐通过敌人的关卡和封锁线。

为了更像乞丐，他钻进茂密的山林隐蔽起来，找到一块石头，对着自己的嘴巴用力地连砸几下，敲掉了四颗牙齿，嘴里顿时满是鲜血。他忍着剧痛，在要饭的袋子里小心地藏好写有绝密文件的字典，然后擦干嘴角的血迹，捂着肿痛的嘴巴，赤着脚下山了。

项与年一路上蓬头垢面，面色苍白，嘴巴发炎肿胀，整个脸都变得狰狞可怕，浑身散发着酸臭味。关卡的敌兵很远就捂着鼻子说："滚！滚！"他饿了讨点吃的，渴了找点泉水喝，困了就倒在树下睡，一发现周围没人就快走赶路。凭借锲而不舍的顽强意志和挽救红军于水火的坚强信念，项与年穿过敌人的重重封锁，终于在 10 月 7 日到达瑞金。于是发生了开头的那一幕。中共中央据此做出了突围进行战略大转移的决定。事后毛泽东曾盛赞这份"四角号码字典情报"的巨大功绩。莫雄和项与年做了一件可谓关乎中国命运的大事。

16 谢小梅：历经磨难，意志弥坚

谢小梅是1928年参加革命的老红军，多次忍受难以想象的牢狱之灾，始终意志坚定、矢志不渝，把自己的一生都献给了党的革命和建设事业。

谢小梅出生于革命家庭，三个哥哥都是参加福建地下党活动的革命者。15岁的时候，她考进家乡的电话公司当话务员，帮助地下党窃听国民党警察局的情报。地下党人经常到她家里开秘密会议，福建党组织和闽西革命根据地的重要创建者罗明曾受伤到她家休养，得到了谢小梅的照顾。

她的大哥谢仰周开的小店铺实际上是中国共产党的秘密联络站。1930年，她的大哥因被叛徒出卖而被枪杀，曝尸三日。谢小梅也被牵连入狱。出狱后她逃离家乡，继续坚持参与革命。同年8月，她加入了中国共产党。

1931年初，经陶铸夫人曾志介绍，谢小梅与在自己家养伤认识的罗明结为夫妻。1933年1月，根据毛泽东的指示，罗明连夜写了一份呈交给福建省委的报告《对工作的几点意见》，谢小梅帮忙整理抄写。该报告总结了自己在闽西开展游击战争的经验，不同意王明主张的“左”倾冒进主义的路线，遭到王明的嫉恨。于是，王明操控中共中央发动了反对所谓“罗明路线”的斗争。一夜之间，罗明从福建省委代理书记变成被批斗的“敌对分子”。在反“罗明路线”的斗争中，有的革命者的妻子选择与丈夫划清界限，分道扬镳，而谢小梅却始终相信丈夫的胆识和为人，异常坚定地与丈夫站在一起，同甘苦、共患难。

谢小梅生下女儿还未出院，长征就要开始了。谢小梅和罗明不得不将尚未满月的女儿送给了一个红军家属，泪眼婆娑、一步一回头地踏上不知归途的漫漫长征路。谢小梅产后虚弱，又经历了骨肉分离的痛苦，有气无力，连话都说不出来，被安排在红一军干部团休养连。全连三百多人，有老同志、首长夫人，还有在战斗中负伤的团以上领导，马匹和担架远远不够用。刚生完孩子的谢小梅，只能背着行李和粮食袋步行前进，实在走不动，她就拉着马的尾巴向前走。1935 年，罗明开始担任红三军团政治部部长。他在指挥娄山关战斗时，被炸成重伤，送到了干部休养连疗伤。夫妇终于团聚。她一边完成连队工作，一边悉心照顾受伤的丈夫。

红军长征途中，罗明和谢小梅根据党中央的命令，离开部队，留在贵阳组织农民运动，接受朱祺的领导。他们刚刚走到关岭县城门口，就被国民党警察逮捕入狱了。夫妻俩在狱中遭到了严厉审讯。后来，谢小梅用金戒指买通法官，他们俩才被释放。出狱后才得知，朱祺卷走了党组织给的全部经费。

夫妻二人身无分文，生活陷入穷困潦倒的境地。谢小梅不得不当女佣，而罗明则在街上扫马路维持生活，后几经周折他们流浪到了贵阳。其间，罗明还因劳累过度得了肺病，不时吐血。准备逃离贵阳时，被巡逻的军警怀疑是共产党员，他们再次入狱遭到严刑逼供。出狱后，他们经过广西、广东、香港，辗转几千里到达上海，想和党组织取得联系。没料想罗明的堂弟为了三百元赏钱，向警察局告发了他们。在狱中，那个曾经在贵州卷走组织经费的“领导”朱祺，指证了罗明，说“他就是‘罗明路线’的那个罗明，夫妻俩都是共产党”。结果，他们又被押送到南京监狱，幸好有在上海的广东老乡大力相助，保释他们出狱治病。

谢小梅和丈夫走投无路，只好回到罗明的广东老家。当他们满怀希望地找到当地的党组织时，却被拒绝接纳，因为他们无法证明离开中央红军后的经历，况且“罗明路线”尚未有定论。就这样，谢小梅和罗明都变成了“党外人士”，但是他们依然以党员的标准要求自己，继续从事抗日救亡运动。解放战争时期，他们被迫到新加坡躲避，新中国建立前夕才回到广东。受“罗明路线”的影响，谢小梅和罗明被误会成“从长征中叛逃”，直到 20 世纪 80 年代初，他们才被正式恢复党籍。这两位历经磨难的老红军终于回到了党组织的怀抱。

谢小梅和罗明，信念坚定、对党忠诚，一生为国为民不谋名不为利，是真正的共产党人。

17 陈树湘：宁断肠也不断脊梁

陈树湘

1934年12月18日，被俘的红军师长陈树湘在被押送途中不甘受辱，在敌人毫无防备的时候，毅然决然地从腹部伤口处掏出肠子，自杀身亡。陈树湘壮烈殉国，年仅29岁。敌人恼羞成怒，又气又怕，残忍地割下陈树湘的首级，送到长沙邀功领赏。然后，将他的首级悬挂在他家乡的灯柱上，示众三日，妄图杀一儆百。

陈树湘是湖南长沙人，1905年1月30日出生在一个菜农家庭。他13岁的时候，在湖南省立第一师范学校图书馆，第一次听到了毛泽东同志关于革命的演讲。在毛泽东等革命者的影响下，他先后加入了湖南共产主义小组、共产主义青年团和中国共产党。1925年，陈树湘带领饥民砸开了大地主张守义家粮仓的大门，抢光了谷子，遭到县官缉拿。他逃离家门，走上革命的道路。在井冈山革命根据地和中央苏区，陈树湘由排长、连长升至营党代表、团长，1934 年 3 月被任命为红三十四师师长。

中央红军开始长征后，陈树湘率领红三十四师担任全军后卫，掩护全军主力和中共中央、中央军委机关战略转移，参加了中央苏区的历次反“围剿”作战。1934 年 11 月 29 日，他率军掩护主力部队渡过湘江时，被敌人挡在了湘江对岸，三面受敌，以一个师的兵力阻击九个师的三面围攻。陈树湘镇定自若，要求大家节省每一颗子弹，一定要等敌人进入 50 米射程以内时才射击。阵地上一片火海，子弹呼啸，血肉横飞，喊杀声震天。天黑了，阵地上枪声逐渐变稀。他接到手下各团的告急电话，说子弹不多了。他急得来回踱步，逐渐冷静下来以后，立即命令各团，派人到白天的战场上敌人的尸体堆里搜集子弹，一晚上就捡回了十几箱。第二天，战斗又打响，陈树湘率军打退了敌人的十几次冲锋。战斗持续了四天四夜，全师伤亡大半，陷入了敌人的重重包围。12 月 2 日，陈树湘接到电报，主力渡江完毕，要求三十四师立即在凤凰嘴一带渡江，追赶主力部队。但是沿江都被敌人封锁了，他和战士们进退两难。而此时，在敌人的炮弹轰炸中，战士们一个一个地倒下了。五千人的队伍只剩下一千多人了，战士们的尸体漫山遍野、横七竖八，惨不忍睹。

陈树湘下令炸毁电台，烧毁一切文件，然后他抄起一支步枪，插上刺刀，率领部队向凤凰嘴渡口突围。江边的敌人密密麻麻，防守严密，他们左冲右突，都无法靠近。政委、政治部主任和两个团长都壮烈牺牲了。陈树湘强忍悲痛，带着队伍向龙母坝突围。他们辗转到江华突围渡河时，遭到一千多名民团的伏击。陈树湘腹部中弹，昏倒在地上。警卫员慌忙用纱布包扎好他的伤口，不停地呼唤他。醒过来以后，他咬紧牙关，紧了紧皮带，忍着巨大的疼痛过了河。上岸后，战士们用树枝绑了一副临时担架，抬着他且战且退。不久他们又遭到事先埋伏在树林和草丛中的民团的伏击，弹尽粮绝，不幸被抓。

民团团长何湘在陈树湘身上搜出了一张纸条，得知他是红军师长后，想从他身上发一笔财，便命令手下用担架抬着他，送到县城照相，再把他送到长沙转去南京邀功领赏，于是发生了本篇开始的那一幕。

陈树湘在抢渡湘江的战役中浴血奋战，英勇掩护红军主力撤退，以惊天地、泣鬼神的革命意志，兑现了“为苏维埃新中国流尽最后一滴血”的誓言。

18 王定国：长征路上的女红军

两万五千里长征是中国战争历史上的一个奇迹，中国共产党和红军战士用生命和鲜血铸就了吃苦耐劳、勇往直前的长征精神。在长征路上，有一群红军女战士的身影活跃在队伍里，当敌人来临时，她们同男同胞一起上阵杀敌；没有敌人时，她们跑前跑后，为全军唱歌跳舞，鼓舞士气。有人说，两万五千里的长征，女红军走了三万五千里。这是多么了不起的壮举！她们在艰苦的环境中没有过怨言，没有被枪炮声所吓倒，她们是红军队伍中的巾帼英雄，她们的精神是长征遗产的重要组成部分。王定国就是一位令人敬佩的长征路上的女红军。

王定国，1913 年出生于四川营山的一个贫苦家庭，全家住在茅棚里，妹妹被活活饿死，父亲死后没钱安葬，二弟也被卖掉了。六七岁的她早早就挑起了家庭的重担，去推磨挣钱。15 岁时，王定国被送到别人家做童养媳，幸运的是，她遇到了杨克明等地下党人，接受了共产党的先进思想。在他们的鼓励下，她解除了婚约，剪掉了长发，释放了被裹住的双脚，迈出了妇女解放的第一步。之后，她便开始为旧社会的妇女解放奔波奋斗。1933年，王定国参加了红军。1935年，中央红军北上抗日，王定国因为爱唱爱跳，被借调到前进剧团做宣传工作，负责管理道具和为演员化妆，伴随着歌声开始了艰难的长征。

漫漫征程，无数艰难险阻，前有大雪封山，后有敌人追击。行军时，为了鼓舞士气，王定国所在的剧团走在队伍的前面当啦啦队。休息时，为了慰问战士，剧团从队头一路表演到队尾，然后再赶到队头。红军走了两万五千里，王定国的宣传队走了远远不止这些路。行军中的很多仗都打得很惨烈，剧团的同志也要随时准备参战，他们的枪少，就拿着棍棒上战场，拼着性命冲开一条血路。战斗结束后，宣传队就组织演出，鼓舞战士们的士气。

长征的路异常艰难。爬雪山时，气候寒冷、空气稀薄，天气变化无常，上山的路湿滑难走，爬山出了一身汗，到山顶被冷风一吹就浑身冰凉，战士们的手冻僵了，耳朵快被冻掉了。过草地的时候，很多战士陷进沼泽，再也没能爬上来。还有粮食的短缺，战士们经常用野菜和草根果腹。即使在这样恶劣的条件下，王定国和剧团的战友们仍然坚持为战士们鼓劲儿，用饱满的精神鼓舞大家，让战士们短暂地忘记饥饿和寒冷，为他们带去欢乐和希望。

1936年，在翻越海拔四千米的雪山时，因天气寒冷，王定国睡觉的时候被冻掉了一根脚趾。作为一名年轻的女战士，她没有为此掉过一滴眼泪。1936年11月，王定国所在的剧团跟着西路军进行西征。战斗中，王定国的右腿被流弹击伤，随后又中了一枪，她的腿已经完全没有知觉了，流出的血马上被冻成了冰，但她感觉不到痛，简单处理后继续行军。后来说起这些事的时候，她也是用平常的语气讲述。在平淡的语气中，我们能感受到这位老革命者的情怀。

王定国突破封建思想，从童养媳成长为英勇的红军战士，从农村妇女成长为革命者。在长征路上，作为女战士，她以坚强的毅力克服了生理、体力方面的重重困难，冒着敌人的枪林弹雨，坚定不移地走完了漫长的征程。她跟随红军五过雪山，三过草地。在艰苦的战斗环境中，她和战友们不知疲倦地用歌声、用舞蹈鼓舞着战士们，为枯燥乏味的行军路途增添欢笑。她是中华民族的女英雄，是中国共产党优秀的女儿。

19 蓝昌明：长征路上不掉队

长征是人类历史上的伟大奇迹，是中国革命史上的奋斗史诗。中国共产党领导的红军，依靠坚定的理想信念和坚强的革命意志，经过艰苦卓绝的战斗，翻雪山，过草地，行程数万里，付出巨大的牺牲，取得了最后的胜利。在这支伟大的队伍中，有各族英雄儿女的身影，蓝昌明就是其中一个。

蓝昌明是畲族人，1913 年出生于江西赣县（今赣州市赣县区），1930 年参加革命，1935 年加入中国共产党。1933 年 9 月，蒋介石调集兵力，对中央革命根据地进行“围剿”。这时，党内“左”倾机会主义在红军中占上风，王明等人拒绝接受毛泽东的建议。在错误路线地指导下，红军完全陷于被动地位。历经一年苦战，反“围剿”还是失败了，中央领导机关和红军主力不得不退出根据地，进行战略转移，蓝昌明也跟随红军踏上了长征的路途。

1935 年 5 月 25 日，中央红军在安顺场强渡大渡河成功后，蒋介石急忙调集军队增援泸定桥。为挫败国民党军前后夹击红军的企图，中央革命军事委员会决定红一军团第一师及干部团由安顺场继续渡河，沿大渡河左岸北上；主力由安顺场沿大渡河右岸北上，两路夹河而进，火速夺占泸定桥。泸定桥由十三根铁索组成，横跨在汹涌奔腾的大渡河上，两岸是峭壁。红军与守城川军展开了激烈的战斗，经过艰苦鏖战，红军占领了泸定城。

在夺取泸定桥的战斗中，蓝昌明不怕牺牲，奋勇向前，他左前臂两次中弹，鲜血不停地流出来，伤口处血肉模糊，露出了白色的骨头。蓝昌明一点也没有把自己的伤放在心上，一心参加战斗，毫不畏惧敌人的炮火。他看伤口出血太多，战地上又没有医生，就找来一根绳子，把绳子艰难地捆在伤口上，一会儿止住了血立刻重新投入战斗，坚持不下火线。

当时形势非常严峻，红军战士要随时准备战斗，蓝昌明根本没有时间休息养伤。同时，在敌人的“围剿”下，部队的生活非常艰苦，缺粮少药，蓝昌明的伤口由于没有及时用药，很快就感染了，他发起了高烧，受伤的胳膊肿得像大腿一样粗。组织上看他的伤情日益严重，打算将他留在老乡家里治伤，但他坚决不肯离队。他说：“我参加红军就是要革命到底，只要活着就要和同志们一起战斗。如果非要我留下，那我就在后边跟，就是爬也要跟上部队！”他的话让战友们热泪盈眶，纷纷表示绝不丢下一起走出来的阶级兄弟。一路上，战友们轮流用担架抬着蓝昌明行军，直到他退烧。

坚定的革命意志和生死相依的战斗友情使蓝昌明战胜了伤

痛，走完了长征路。回忆起这段经历，蓝昌明曾感慨地说："长征中，我们是三次翻雪山，三次过草地，历经千辛万苦，排除千难万险才到达陕北。我们到陕北的时间比毛主席带领的红军队伍晚了整整一年！"

蓝昌明与战友们虽晚了一年才抵达陕北，但他们以坚贞不屈、所向无敌的精神，依靠百折不挠的革命意志、团结互助的高尚品德，战胜了难以想象的艰难困苦，翻过了雪山，走出了草地，一次次地绝境逢生，一次次地转危为安，走完了这次伟大的战略远征，取得了最终的胜利，创造了伟大的奇迹。中国共产党领导的这些红色战士，不仅谱就了长征这样举世罕见的伟大史诗，而且铸就了无与伦比的精神丰碑。这种坚韧不拔、自强不息、勇往直前的长征精神，成为激励共产党人继续前进的巨大动力。

20 邓萍：长征期间牺牲的最高级别战将

彭德怀同志是中国共产党的杰出将领，他早年以国民革命军第八军营长的身份参加北伐，后来因不满蒋介石和湖南军阀的反共行径，开始率兵讨伐蒋介石。此时组织派了一名19岁的年轻党员来到彭德怀的部队，动员彭德怀与国民党彻底划清界限，参加土地革命战争。这位共产党员与彭德怀相谈甚欢，后来还介绍彭德怀入党，并一起领导了平江起义，成为彭德怀不可或缺的好搭档。他就是中国共产党在长征时期牺牲的最高级别的将领——邓萍。

邓萍，1908年生于四川富顺。这个地区位置偏僻，接受新文化新思潮较迟，但恽代英在川南师范任教时，曾在此地建立社青团，少时的邓萍耳濡目染，逐渐对革命心生向往。

1927年初，北伐军打到武汉，广州黄埔军校遂在武汉设立分校。远在四川的邓萍千里迢迢来到武汉考入该校并顺利加入中国共产党，还参与了叶挺指挥的平定军阀夏斗寅叛乱的斗争。国民党背叛大革命后，中国共产党“八七会议”确立了武装对抗国民党的总方针。邓萍遵照组织安排，来到国民革命军独立第五师第一团做书记（以地下党员的身份做兵运）。当时该团团长正是彭德怀，彭、邓两人一见如故，结为终身挚友。邓萍在第一团毫无官架子，对战士平易近人，深得人心。

1928 年 6 月，第一团奉令来到平江地区驻防“剿共”，彭德怀对共产党一直抱有钦佩的态度，不但不攻击共产党，反而与共产党游击队有很多合作。此时第一团下属第三营营长黄公略共产党员的身份暴露，因此彭德怀和邓萍让第一团与国民党彻底划清界限，将起义军改编为工农红军第五军，发动平江起义，活捉县长，在县城建立苏维埃政权。由于敌人疯狂镇压，部队最后撤离平江打游击。1928 年底，彭德怀和邓萍率部来到井冈山与“朱毛红军”（红四军）会师。1930 年夏天，中央决定，湘赣边地区的红五军与红八军合为三军团，成为红一方面军的两大主力之一。22 岁的邓萍担任参谋长，可谓年轻有为。此时三军团甚至一度打下长沙，震惊全国。蒋介石对此非常头痛，决定对苏区进行“围剿”。

第三次反“围剿”胜利后，党中央筹建军事政治学校（也叫红军学校），邓萍暂时离开部队，来到学校主持训练部的工作，集中力量为红军培养年轻的后备人才。一年后，邓萍重回三军团。当时恰逢第五次反“围剿”前夕，由于博古、李德的失误，“左”倾军事冒险主义盛行，彭德怀和邓萍主动“大踏步地打出去”，两次出兵福建，战绩卓著。后来反“围剿”斗争失败，邓萍跟随中央红军长征。1935 年初，中共中央在贵州遵义召开了意义重大的遵义会议，会后的“四渡赤水”战斗中，我军计划重回遵义，三军团顺利打败贵州军阀王家烈的部队，但邓萍在观察前线地形和敌人排兵布阵的时候不幸被流弹击中而牺牲，年仅 27 岁。

邓萍一生能文能武，自入党到牺牲的八年时间里，不计生死利害，或参军区前线打仗，或去国民党的军队做策反，或在军校培训人才，他都能意志坚定、不辞劳苦、兢兢业业地完成党中央交待的任务。

21 钟赤兵：三次截肢，单腿走完长征

有一名坚强的战士，用一条腿走完了长征，他就是受到毛主席多次表扬的钟赤兵。钟赤兵是湖南平江人，家里非常穷。1930 年，16 岁的他参加了彭德怀率领的红军，从此走上革命的道路。他打仗勇敢，冲锋在前，参军一年后就光荣地加入了中国共产党。

1935 年 2 月，红军在长征中一渡赤水后，为了摆脱十几万川军的围追堵截，决定二渡赤水，先夺娄山关，再占遵义城。钟赤兵当时已经是红十二团的政委，负责和十三团一起攻打娄山关。经过十几天长途跋涉，赶到娄山关时，因战情紧急，来不及歇歇脚，钟赤兵就率领一营冲锋。经过猛烈攻击，他们占领了娄山关的制高点点金山。敌人加派兵力，进行反扑，钟赤兵率领战士们奋力迎战，打得敌人抱头鼠窜。红军乘胜追击，没想到中途遭遇敌人一个团的增援兵力。钟赤兵赤膊上阵，挥起大刀，和敌人拼杀在一起。突然，他身体一趔趄，右边小腿被子弹打中，顿时血流如注。简单包扎以后，他趴在石头上继续指挥战斗。战斗

打得异常惨烈，从拂晓一直打到傍晚，他们终于守住了阵地，把敌人打跑了。钟赤兵也因失血过多，晕了过去。

由于受伤后包扎得太简单，又加上坚持战斗，导致他骨头都碎了。医生一看情况，必须截肢。而当时红军医院的手术条件太简陋了，别说医疗器械，连麻药都没有，手术工具就是老百姓用的砍柴刀和木匠锯。医生只好用木匠锯给他锯腿，钟赤兵痛得大汗淋漓，不一会儿衣服就被汗湿透了。手术进行了三个半小时，他几次昏死过去。在场的医生、护士都被他这种坚强的意志所感动，忍不住掉下了眼泪，说从来没见过这么硬的汉子。然而，由于没有条件消毒，几天后他的伤口就感染了，小腿肿得和大腿一样粗，人也烧得昏迷不醒。医生只能给他进行第二次截肢手术，把右腿膝盖以下剩余的部分截去。不料，还是因为消毒条件不好，伤口仍继续感染。几天后，不得不进行第三次手术，把钟赤兵的整个右腿都截去了。半个月内，不打麻药，三次截肢，其痛苦，岂是一般人能够承受得住的？但是，钟赤兵却奇迹般地活了下来。

尽管手术后身体虚弱，但是钟赤兵强烈要求随部队继续长征。过雪山时，他坚持自己爬，不小心滑下来，他接着再爬；过草地时，一条腿实在不行，只好让战友们用担架抬着他，他省下仅有的口粮，给战友们。克服了千难万阻，在战友们的帮助下，他竟然用一条腿走完了长征！

1938 年 6 月，钟赤兵终于在苏联克里姆林宫医院做了一次“真正”的手术。为了尽快康复，手术后没几天，他就拄着拐杖开始锻炼。一开始走几十米就得停下来休息，但他咬牙坚持锻炼。与前三次手术相比，这次康复锻炼带来的疼痛又算得了什么呢？苏联的冬天漫长又寒冷，10月份以后室外已冰天雪地，于是钟赤兵就在室内锻炼。他那坚持不懈的毅力，让苏联人敬佩不已。

身体恢复一些以后，钟赤兵到伏龙芝军事学院特别班学习。对只上过三年私塾的他来说，语言就是第一个难关。他把单词写在纸上，贴在墙上，带在身上，随时随地都能看见。他随身携带一本字典，随手查，随手记，凭借刻苦勤奋的精神，硬是过了语言关。

1944年春，在党中央的安排下，钟赤兵回到中国。他带着从苏联学到的知识又投身于人民革命战争中。1949年，在北京西山的一处园林内，钟赤兵受到了毛主席的接见。之后，他遵从毛主席的指示，将中国的民航事业从零发展到一，为中国民航事业的发展打下了物质基础和人才基础。

钟赤兵虽然失去了一条腿，但他一直在为中国的革命事业和中国的发展不懈奋斗。老一辈革命家身上这种坚强的革命意志和不服输的劲头，在今天依然激励着我们不断前行！

22 林青：宁死不出卖贵州地下党组织

林青塑像

1935年1月，中央红军长征到达遵义。林青找到党组织，向中央地方工作部部长李维汉详细汇报了贵州地下党组织的情况。李维汉指示林青等人组建中共贵州省工作委员会，林青任书记兼任遵义县委书记。根据党中央的指示，贵州省工委齐心协力，利用各自的关系，巧妙地获取了敌人的密电码、军用地图、地空联络图以及作战计划，秘密地送到了党中央。这些秘密文件，为中央红军创建黔北根据地、四渡赤水、粉碎国民党新的"围剿"、南渡乌江、胜利同红四方面军会师做出了极大的贡献。

林青，1911年出生在贵州毕节，父亲是挑夫，母亲是洗衣工。8岁时入学，13岁时因家贫辍学去当学徒。15岁时因不堪老板虐待，逃到重庆，好不容易在一家进步话剧团活了下来。

16 岁时，考入重庆美术专科学校，在学校加入中国共产主义青年团。19 岁毕业以后去上海，先在锁厂当学徒，后在沪东区团委工作，宣传抗日救亡的思想。1931 年，20 岁的林青加入中国共产党。

1932 年，林青因参加“一·二八”上海工人总罢工被捕。1933 年出狱后回到毕节老家，在家乡成立“抗日救援会”，发展进步青年入党。1934 年 1 月，林青在毕节城文庙建立了贵州省地下党第一个党支部——毕节支部，林青任书记，缪正元、秦天真为委员。党支部成立以后，在当时革命低潮期，艰难地开展了一系列革命活动。林青在毕节的抗日救亡活动遭到了当地反动军阀的破坏，被迫于当年夏天转移到安顺和贵阳。很快，林青联合当地进步人士，在贵阳、安顺、黔西、织金、赤水、习水、思南、遵义等十余个县市建立了地下党组织。

1935 年 7 月，国民党特务抓捕了很多地下党员，林青也不幸被捕。国民党特务得知林青是中共贵州省委书记，岂肯轻易放过他？他们心想，如果能使他投降，抱蔓摘瓜，剥茧抽丝，整个贵州省的共产党地下组织，岂不就全军覆没、斩草除根了吗？特务们先是拿高官厚禄收买林青，被林青厉声拒绝。收买不成，特务们开始对林青施以酷刑。林青的双腿被打断了，但他忍着剧痛，就是不肯出卖组织和同志们。有一天，有个越狱出逃的机会，他也毅然决然地留给了其他同志。

敌人拷打了林青近两个月，见他铮铮铁骨，九死不悔，遂于 1935 年 9 月 11 日将其押赴刑场。一路上，林青高唱《国际歌》，向路边的群众高喊：“共产党万岁！”残忍的敌人用刀刺进了他的口中，林青的两腮血流不止，但他依然坚定地呼喊着，直到发不出声音……林青慷慨就义，年仅24岁。正是他的宁死不屈，才保住了贵州省的地下党组织。

23 谢良：独脚将军狱中自学成为作家

谢良是江西兴国人，15 岁参加红军，同年加入中国共产党。他作战机智勇敢，18 岁就当了团政委。他走完了两万五千里长征，经历了中央苏区四次反“围剿”斗争。

1934 年 10 月，在红军长征途中的官渡河之战中，谢良奉命率三十七团阻击四川军阀刘湘的九个团。他运用机动灵活的运动战，把敌人打得晕头转向，第五天时终于把敌人牵制在温水，使红军在娄山关、遵义顺利歼敌两个师，受到中央嘉奖。

1936 年 11 月 29 日，谢良奉命率二十三师赴甘肃山丹县十里铺阻击敌军马禄的骑兵旅、韩德功的步兵旅。敌人疯狂进攻，谢良指挥战士们一次次把他们打回去，战斗打得非常激烈。激战中，谢良的左脚负伤，血流不止。警卫员劝他先离开战场，然而战斗正紧，他怕影响军心，一直坚持到战斗结束。那时红军医疗条件极差，既没有办法做手术取出子弹，也没有消炎药可用，导致伤口发炎，谢良高烧不退。医生只好在他脚上放些冰块降温，烧虽然退了，但脚却冻坏了。为了防止出现患败血病，医生把他的前脚掌硬生生地剪掉。没有麻药可用，谢良只能咬紧牙关坚持战斗。敌人再次疯狂反扑，我军援军未到，只好分散行动。为了不连累警卫员，谢良让他们赶紧突围，自己隐蔽了起来。等敌人散去，他将伤腿吊在脖子上，艰难地爬出山坳，却还是被敌人发现逮捕了。

在监狱中，谢良遭受了非人的折磨，但他一直坚贞不屈。抗战爆发后，国共第二次合作时，谢良才被救出。此时，他的伤口已经严重恶化，只好把左脚都锯掉。虽然只剩下一只脚，但他凭借坚强的意志，克服生活中的困难，继续南征北战。

1939 年，谢良在毛主席的关心下，去苏联安装了假肢。在返回途中，途经乌鲁木齐时恰逢德军进攻苏联，他只好滞留新疆就地工作。1942 年，新疆反动军阀盛世才炮制了“阴谋暴动”事件，谢良等一百多名共产党员被捕。

狱中的生活非常艰苦，吃不饱，穿不暖，不停地有同志牺牲。谢良组织同志们在狱中与敌人进行了坚决斗争，争取自己的权益。斗争之余，他开始学习文化知识，用知识来武装自己的头脑、鼓舞同志们的士气。对仅上过两年学的谢良来说，自学是非常困难的。但他找来字典，不管严寒酷暑，不管狱中条件多么简陋，利用一切机会学习文化知识。不久，他就开始尝试着进行文学创作。狱中四年，他一直坚持学习和写作，完成了处女作《在新疆监狱中的斗争片段》。一开始他写了几万字，被狱卒搜去烧掉，后来他凭着记忆又重写，四易其稿，终于成书。

谢良是第一个在狱中自学成为作家的共产党员。1980 年，谢良被吸收为中国作家协会会员，又成为中国作协第一位“将军作家”。在监狱中能够从容地自学成才，没有坚持不懈的意志力和强烈的革命乐观主义精神，是万万做不到的。

24 西路军：不畏艰险，顽强西征

西路军为配合河东红军作战，以一万八千人的兵力迎战十三万马家军的围追堵截，牵制了敌军主力，对中国革命的胜利做出不可磨灭的贡献。

1936 年 10 月，中国工农红军三大主力在甘肃会宁胜利会师，英勇抗击日本侵略者，沉重打击了国民党的反动统治。蒋介石奉行“攘外必先安内”的政策，调集兵力全力“剿共”。

中国工农红军西路军纪念馆

中共中央和中央革命军事委员会决定渡过黄河向西进军，打通与苏联的联系。红四方面军三十军、九军及五军先后完成渡河任务，由国民党西北“剿匪”第二防区司令马步芳和骑五师师长马步青率领的马家军用十三万重兵全力“围剿”红军。

由于张国焘把黄河东岸的红四军第四、第三十一军调离前敌总指挥部指定的作战位置，致使胡宗南部切断了河东红军主力部队和河西部队的联系。1936 年 11 月 11 日，河西红军部队正式组成西路军，一万八千名红军兵分三路向西挺进，踏上了艰苦卓绝的西征之路。

11 月 15 日，红九军攻占古浪县城。由于古浪是河西走廊的战略军事要冲、凉州的门户，马步芳迅速调集优势兵力猛烈反攻。轰炸机狂轰滥炸，炮声隆隆，飞沙碎石夹杂着弹片飘落到古浪县城。红九军血战三昼夜，最终在三十军增援下突围，直奔永昌方向。

这时正值“西安事变”爆发，战局紧张，河东红军主力无暇西顾，西路军陷入孤军奋战的境地。由于长期征战，弹药粮食匮乏，西路军能作战的兵力只剩下一万人。1937 年 1 月 19 日，马家军用部分兵力在倪家营子钳制西路军主力，以两万兵力在飞机大炮的配合下围攻高台县城。红五军将士打光弹药以后，就用大刀、梭镖和长矛在城墙缺口处与冲上城头的敌人展开肉搏战。就连伤病员们、后勤和机关人员也都顽强地爬上城头，用石块、砖头、滚木击打敌人。有的甚至与敌人扭打在一起，滚下城头，同归于尽。战斗持续到次日凌晨，红五军虽伤亡惨重，但仍然顽强地抵抗，拼命坚守阵地。经过一周的激战，红五军中的民团叛变，悄悄打开城门，引敌人入城。红五军在军长董振堂率领下又坚持了十多个小时的巷战，三千余名将士全部壮烈牺牲。前去救援的五百余人的骑兵师被马家军拦击，最后也大都牺牲。连马步芳也不得不感叹“红军真是铁军”。

1937 年 1 月 27 日，李先念率西路军主力三十军在倪家营子以寡敌众，同七万多马家军展开了一场惊心动魄的大血战。经过四个月的浴血奋战，西路军损失惨重，余部仍然坚持战斗。

面对十三万马家军的围追堵截，西路军以英勇顽强、坚贞不屈的革命意志，冒着零下三十摄氏度的严寒，英勇奋战四个多月，歼敌二万五千余人。西路军在极端困难的情况下展现出的不畏艰险、浴血奋战的革命精神，永远值得人们敬仰和纪念。

25 董振堂：血战雄姿人尊仰

“英雄战死错路上，今日独怀董振堂，悬眼城楼惊世换，高台为你著荣光。”叶剑英元帅为悼念西路军高台战役中阵亡的最高级将领董振堂而挥笔写下了这样的诗句。

董振堂 1895 年出生于河北新河的农民家庭，1920 年考入保定陆军军官学校，毕业后参加了冯玉祥的国民军，先后任国民联军第十四师第十二旅旅长、第十三师师长。在讨伐蒋介石的豫东战役中，他率部冒雨驰援皖北亳州，受伤后坚持战斗，顽强与敌人激战七昼夜，解了亳州之围，受到冯玉祥的通令嘉奖。

1931 年，董振堂所在的国民党第二十六路军被调往江西“围剿”红军，到达宁都县城。董振堂在西北军地下党员刘振亚的影响下，联合八十旅和二十七师，率领部队一万七千余人“调转枪头”，“站到苏维埃这边来”，举行了震惊中外的宁都起义，通电全国，发出《原国民党第二十六路军于宁都起义后加入红军宣言》。董振堂率领的起义部队被改组为中国工农红军第五军团，由董振堂任总指挥，后改称军团长，浩浩荡荡向中央苏区根据地进发。1932 年，董振堂加入中国共产党。

在红军战争史上有名的水口战役中，董振堂率领红五军团，兵分几路向前线开进。战士们每人身背两支匣子枪，手拿雪亮的马刀，勇往直前，刀把上的红绸像漫山燃烧的火焰。董振堂身先士卒，一声令下，红五军团四五千名战士挥舞着大刀，怒吼着冲入敌人的阵地，只见红绸飞舞，银光闪闪，漫山遍野喊杀声震天。红五军团的大刀片子早就远近闻名，加上红五军团的军团长董振堂亲临战线，令士气大振，将士们个个勇猛。敌人抵挡了一阵，压不住阵脚，溃败了下去。红五军团乘胜追击，杀得敌人尸横遍野，伤亡三千余人。随后，红五军团又接连坚持了两天两夜的肉搏战，最终大获全胜。捷报传出，红五军团名声大振，董振堂被中央政府授予红旗勋章。

1934 年 10 月，第五次反“围剿”失败，红一方面军开始长征。董振堂的红五军团负责掩护红军主力渡过湘江，付出的代价极为惨重，第三十四师包括师长陈树湘及五千名红军战士全部阵亡。在 1935 年 4 月底横渡金沙江时，只有七条船可以乘坐，大船能坐三十人，小船只能坐十一人，全军几万人马就靠这七条小船渡江，即使日夜抢渡也需要九天九夜的时间。董振堂率部在防御阵地一直坚守了九天九夜，在第九天傍晚接到中央要求红五军团撤退的命令，于是指挥全部人马连夜渡过金沙江，圆满完成了保障红军主力渡江的任务，赢得“铁流后卫”的光荣称号。

1937 年 1 月，董振堂率领红五军团攻占了甘肃的高台县城，还没站稳脚跟，马步芳就率领两万余马家军反攻包围高台县城。董振堂立刻命令城内的铁匠，连夜打造大刀和长矛；动员全城居民，在城墙上面堆积木棍、石块、碎砖、烂瓦，准备迎战强敌。1 月 12 日，敌人用比红军多八倍的兵力大规模进攻高台县城。随着东西碉堡的失守，董振堂命令骑兵团在北城墙挖一个大洞，准备突围，伺机破敌。但是，此时又接到军政委的命令，要求董振堂死守高台。1 月 19 日上午，董振堂率领五十多名将士，庄严宣誓："我们要流尽最后一滴血，战斗到底！自由幸福的日子一定能够到来！"他已经下定了为革命献身的决心，声音威严而坚定，脸上滚动着泪珠。1 月 20 日凌晨，敌人冲上城墙，守城将士用完最后的手榴弹之后，手持大刀长矛或石头瓦块，甚至赤手空拳与敌人进行最后的搏杀、缠斗。之前投降的民团动摇分子却趁乱打开城门，导致高台县城彻底沦陷。董振堂带领两名警卫从东北侧城墙上跳了下去，不幸摔伤了左腿，于是他半跪在地上，向围上来的敌人射击，孤身奋战到最后一颗子弹，最后壮烈牺牲，时年 42 岁。

革命将士缅怀董振堂，称赞他："军团长，董振堂，战士雄姿人尊仰，随身不离枪。"

26 张应春：除了“我是共产党员”，没有任何口供

张应春

江苏苏州汾湖高新区北厍社区黎星村（原吴江黎里葫芦兜村）是一个美丽的地方。1901年，张应春就出生在这里的一户书香人家。她的父亲是清末秀才，颇有才华。张应春天资聪颖，小时候就读于葫芦兜村私塾和国民初级小学，后来随父亲进入黎里女子高等小学学习，成绩一直非常优异。

张应春从小不仅学习成绩好，还关心国家大事。她因仰慕秋瑾女侠的革命精神，给自己起了个名号叫“秋石”，并且立下“我辈要勤奋学习，要争取女权，要以天下为己任”的决心。

1920年，张应春考入上海中国女子体育学校。毕业以后，经柳亚子介绍，1923年秋到松江景贤女子中学任教。该校在共产党员侯绍裘的主持下，思想进步，每年都要举办暑期演讲

会。演讲的有知名人士柳亚子、周建人、陈望道、叶圣陶，还有共产党人萧楚女、恽代英等，他们宣传工人运动、妇女运动、三民主义和社会主义等。张应春积极参加各种活动，并且阅读了大量马克思主义的论著，更加坚定了救国救民的人生理想。1925 年秋，张应春光荣地加入了中国共产党，立志为党的事业终身奋斗，奉献一切。

入党以后，张应春当选为中共上海区委妇女运动委员会委员。为了推进妇女运动，在中共上海区委领导下，在柳亚子、侯绍裘等的协助下，张应春创办了《吴江妇女》月刊，并任主编。她号召广大妇女团结起来推翻旧礼教，争取自由平等，打倒帝国主义和封建军阀，为全人类的解放贡献力量。1926 年"三一八"惨案发生后，张应春立即起草了《江苏省党部妇女部为反对段祺瑞惨杀北京市民宣言》，并参加了上海群众反对段祺瑞残杀北京市民的游行，冒着生命危险在游行队伍中向群众演讲。

1926 年秋，张应春当选为中共江浙区委妇女运动委员会委员，积极推动妇女解放运动。1927 年 4 月 2 日，国民党江苏省党部迁到南京，侯绍裘急电在家乡养病的张应春前往赴职。张应春毅然于 4 月 7 日离家，11 日早晨由上海到达南京。当时，蒋介石已公开反共，江苏省党部已被捣毁，侯绍裘等已于当日凌晨举行紧急会议时被秘密逮捕。张应春知道情况有变，急忙找到南京市党部妇女部部长、中共党员陈君起，两人一同商量对策。但在前往大纱帽 10 号进行联络时，被守在那里的敌人逮捕。

在狱中，敌人严刑逼供，将她吊打一天一夜，张应春数次昏死过去。敌人用冷水将她泼醒，泼醒之后接着鞭打，逼她说出共产党内的重要情况。但张应春自始至终都英勇顽强，宁死不屈，牙关紧咬，除了“我是共产党员”这一句话外，没有任何口供。一无所获的敌人恼羞成怒，将张应春装入盛有石灰的麻袋，用刺刀刺死后，将尸体抛入通济门外九龙桥下的秦淮河中。当时，张应春才 27 岁。

秦淮河水依然悠悠地流淌着，但是，烈士的尸骨却再也找不到了。亲人和同志们只好修建了衣冠冢，纪念这位意志力坚强的革命女烈士。安葬时，于右任题写“呜呼秋石女士纪念之碑”。张应春用她年轻的生命，诠释了自己崇拜的秋瑾女侠坚强不屈的革命意志。

27 张琴秋：红军唯一的女将领

张琴秋

1936年，“五百农妇缴一团”的传奇被刊登在《蜀笑通讯》和《中国论坛》等报纸上。创造这一传奇的是红军唯一的女将领张琴秋，有的报纸甚至说她“精通五国文字”“能文能武”，是“不用下马就可以写文章”的女英雄。“精通五国文字”的说法很可能来源于张琴秋曾在苏联莫斯科中山大学留学五年的经历。

张琴秋早年在家乡浙江桐乡石门振华女校就读，因同学孔德沚（茅盾的夫人）介绍，结识了茅盾的弟弟沈泽民。当时，沈泽民已经在茅盾的影响下加入了上海共产主义小组。在沈泽民帮助下，张琴秋考取了南京美术专科学校和上海大学，接触了革命思想，追求真理与光明，并于1924年11月加入了中国共产党。1925 年，她与沈泽民结为伉俪。不久，张琴秋与张闻天、王稼祥等一起，被党组织派到莫斯科中山大学留学。1926 年 5 月，她在莫斯科生下了女儿。为了不影响工作，回国时她和丈夫毅然决定把孩子留在了莫斯科的国际儿童医院。

1930 年回国后，张琴秋和丈夫一起到鄂豫皖革命根据地工作，她在军事政治学校担任政治部主任。鄂豫皖苏区第四次反“围剿”失败后，沈泽民作为苏区的省委书记留下来坚持武装斗争，不幸病逝。

1933 年，红四方面军主力转移途中，已经是红四军总医院政治部主任的张琴秋，领导红军的救护工作。有一次，张琴秋所在的医院被川军一个团从小路包围，能和敌人作战的只有五百人的妇女赤卫营和几十名保卫科的人员。妇女赤卫营的正式名称是红四军“妇女独立营”。红四军开辟川陕革命根据地以后，大批妇女投身革命。从中选出四百多名优秀妇女，在四川通江县组建了妇女独立营。独立营下设四个连，是红军第一支正规妇女武装，由红四军政治部主任张琴秋直接领导。张琴秋在莫斯科中山大学留学时，不仅同男同学一样参加野战演练，而且还学习了连、营、团的战术指挥技能。张琴秋沉着冷静，带领独立营的战士把敌人引入高山狭谷的地形，突然封堵住峡谷的两头，形成铁桶阵势，带领身边的人开始展开攻心战，说红军是穷人的队伍，不要互相残杀，要想活命就投降吧。敌兵停止开枪，倾听喊话宣传，遭到敌团长手提机枪的扫射，导致士兵阵前倒戈，一片混乱。张琴秋趁机率领妇女独立营冲下山谷，最终大获全胜。她用坚强的意志和灵活的战术书写了“五百农妇缴一团”的传奇。

1936年，张琴秋与后来领导西路军的红四军政委陈昌浩结婚。西路军进入河西走廊之后，已怀孕的张琴秋担任西路军政治部组织部部长，被送到红军总医院待产。然而，临泽守卫战失利，连医院也被迫向东快速转移，张琴秋恰好在危急时刻分娩了，生了一个男孩，但不得不忍痛放弃了孩子。张琴秋产后非常虚弱，没有担架，只好被扶上战马。后来，战友刘鹤孔回忆说：“天亮了，坐在马上的张琴秋，脸色苍白，但神情坚毅，血染红了她骑的马鞍。”这次分娩还给张琴秋造成了严重的妇科病，从此再也没能生育子女。

张琴秋在河西走廊被俘，身份暴露，被关押在南京“首都反省院”监狱，在第二次国共合作抗日时由周恩来营救出狱。经历劫难后的张琴秋回到了延安，迫不及待地向组织要求工作，先后担任抗大女生大队长和中国女子大学教育长，被称为“文武双全的女将军”。

新中国成立后，张琴秋长期担任纺织工业部副部长。从女学生到女革命者，再从女战士到女将领、女部长，张琴秋光辉的一生中体现出的英勇战斗的无畏精神和不屈不挠的意志，必将激励着那些立志为中华民族的繁荣富强而奋斗的一代代人奋勇前进！

28 妇女独立师：艰苦卓绝，九死一生

“作为一个革命者，牺牲是早已意料的事，又何况这些。”面对敌人的酷刑，红四方面军妇女先锋团政委吴富莲这样回答。红四军妇女先锋团的前身是红军第一支正规妇女武装——妇女独立师，下设两个团，第一团是总指挥部机动团，由张琴秋担任团长兼政委，战斗力强；第二团由曾广澜担任团长，负责保卫机关、红军医院，运送弹药和转送伤员。

极其艰苦的战争环境磨炼了妇女独立师坚韧不拔的意志。她们经常缺少粮食、衣物和最基本的生活用品，但她们从无怨言，斗志昂扬，履立奇功。1935 年，妇女独立师二团接到命令，把一千多名伤员运送到一百多里远的苍溪县永宁铺兵站。过河的时候，抬担架的战士为了不让伤员的伤口沾上水，她们尽力把担架抬得高一些，甚至在水深的地方把担架举过头顶。爬山的时候，后面的战士尽可能举高担架，前面战士则几乎贴着地面吃力地往前挪动。膝盖和胳膊肘磨出了血，血珠渗进了泥土。有的女战士体力不支，倒下后就再也没能起来。有两位重伤员

实在不忍心拖累这些女战士，竟然偷偷地割脉自杀了。女战士们顽强地艰苦跋涉一天一夜，终于完成了运送伤员的任务。

1937 年 3 月，四万多人的西路军仅剩下数千人，妇女独立师缩编成妇女先锋团，随西路军西渡黄河，在河西走廊陷入了国民党军阀马步芳部队的重兵包围。妇女先锋团的政委吴富莲与团长王泉媛率领战士女扮男装，接管二六八团阵地，在甘肃临泽一带与敌人血战三昼夜，掩护主力突围。终因寡不敌众，被迫退到深山里继续打游击。3 月的大西北还相当寒冷，当她们在山里烤火取暖的时候，被敌人围攻，不幸全部被捕。由于叛徒告密，吴富莲暴露了身份。敌人企图以她为突破口，摧垮被俘红军战士的意志。她被拖到审讯室，轮番审讯和百般拷打、折磨都奈何不了她。她的“口供”就是“牺牲是早已意料的事”。失去耐心的敌人下了最后通牒，给她一天期限考虑清楚，否则“就交给兄弟们处理”。吴富莲早就将生死置之度外，宁可慷慨赴死，也不愿忍受敌人的污辱。在当天晚上，她吞针自杀，年仅 25 岁。团长王泉媛率领战士们要求妥善安葬吴富莲，敌人也为吴富莲的不屈行为所震慑，不得不准备了棺材。王泉媛和战士们亲手埋葬了自己的政委。

西路军被俘的战士，遭到了马步芳部队的残酷虐待，被用活埋、枪杀、火烧、扒心、取胆、割舌等各种惨绝人寰的手段折磨致死。妇女先锋团的战士平均年龄不到 20 岁，被俘后饱受凌辱，遭遇了比西路军男战士更多惨无人道的非人折磨。她们被分给敌人部下做妻妾、做奴隶，被流放到羊毛工厂做苦工。

她们中有的逃出了俘虏营，沿途乞讨，隐姓埋名，永远流落在了大西北。

妇女独立师和妇女先锋团是红军史上绝无仅有的大规模妇女武装，以坚强不屈的革命意志谱写了一曲悲壮的战歌。

29 郭香玉：两次被捕皆不屈的“小脚”英杰

郭香玉是福建龙岩江山铜钵村一个普通的农家女子，18岁嫁到湖邦内坂村。可是没过几年，她年轻的丈夫就病故了，她独自一人带着年幼的孩子，过着穷苦的生活。1929年5月，毛泽东和朱德领导的红军攻克了龙岩城，建立了苏维埃政权。时年32岁的郭香玉和十几岁的儿子都接受了革命的洗礼，迅速成长为革命战士。1929年，郭香玉参加了农民武装暴动。同年秋，她光荣地加入了中国共产党。

1930年8月，组织上安排郭香玉到厦门工作，担任中共福建省委（地下党）秘书处工作人员。当年的福建省委机关工作人员为开展工作，扮作一个商人大家庭，省委书记扮作“大哥”，其他同志扮作“二哥”“二嫂”“三哥”“三嫂”。为了使这个商人大家庭不被人怀疑，还需要一个买菜做饭、打扫卫生的“佣人”。郭香玉因为出生在农村，文化水平不高，又说一口地方话，所以，非常适合从事这个工作。事实证明，郭香玉的“佣人”工作也确实做得非常好。每天早晨，她早早起床烧水、做饭、扫地、洗衣，早饭以后再提着菜篮子上街买菜。为了迷惑敌人，她买的菜要符合一个商人家庭的伙食档次，而当时组织的经费有限，所以每次买菜，她都要精打细算、仔细琢磨一番。

1931 年 3 月，国民党军警袭击了福建省委机关，郭香玉也不幸被捕。在监狱中，她坚持说地方话，假装听不懂普通话，一口咬定自己就是个“佣人”，什么也不知道。狡猾的敌人哪肯放过任何一个机会，仍然对她严刑拷打，她的牙齿都被打掉了，但她始终没有暴露自己的真实身份。敌人见从她那里得不到任何有用的信息，也放松了警惕，以为她就是个乡下佣人，于是让她在监狱里打扫卫生。利用这个机会，她悄悄地看望被捕关押的同志，给他们偷偷送东西，鼓舞他们坚持斗争。

在狱中被关押了近一年以后，敌人见郭香玉没有“利用价值”，就把她释放了。出狱以后，郭香玉一路乞讨，从厦门走到龙岩，寻找党组织。历尽千辛万苦，终于在长汀找到了福建省委书记罗明，汇报了福建省委机关被破坏的情况。组织上安排她在省委机关继续从事后勤工作。

因工作踏实能干，经邓颖超推荐，郭香玉又到江西瑞金中央政治局机关工作，主要负责照顾年纪较大的同志。1934 年夏天，她与谢觉哉结为革命伴侣。1934 年 10 月，长征开始以后，因为裹过小脚行动不便，郭香玉留在苏区坚持游击战争。后因工作需要，回到熟悉的龙岩地区工作，担任湖坑党总支书记，领导群众运动，并积极筹集粮食和药品等支援游击队。

1940 年 9 月，因坏人告密，郭香玉再次被捕。这次她无法掩饰自己的身份，因为敌人已经得知她是共产党重要领导人的妻子。敌人想尽各种办法，在这个小脚女人身上用尽了各种酷刑，想从她嘴里套出闽西党组织和游击队的秘密。但是，任敌人怎么拷打，郭香玉宁死不屈，只字不漏，最后被敌人残忍地活埋在离湖坑不远的水口山。这个缠过小脚、身体瘦弱的农家妇女，用自己不屈的生命，阐释了什么叫坚强的革命意志。

30 童长荣：艰苦斗争的抗日革命家

童长荣，字斓华，是安徽枞阳人，出生在帝国主义加紧侵略中国、清王朝腐败堕落的黑暗时代。童长荣一家一直过着艰辛的生活，父亲在他出生前便去世了，兄姐四人又先后早夭，只剩母子二人勉强维持生活。幼年艰苦的经历没有打倒童长荣，反而让他很早就成熟懂事，并造就了他刻苦奋斗的品格。

童长荣发愤苦读，考入安徽省立第一师范学校。在学校他积极参加反帝反封建的爱国学生运动，被推举为安徽省学生联合会负责人之一。他参加并领导了反对军阀政府腐败统治的示威大游行，发动安庆各校教职工开展索取军阀当局拖欠教工薪俸的斗争，组织声援五卅反帝爱国运动。童长荣的革命活动为反动军阀当局所忌惮，并对他进行通缉。他被迫中断学业，转移到上海。在上海他继续刻苦学习，考入东京帝国大学第一高等学校，后加入中国共产党，是中国共产党东京特别支部领导人之一。1928 年 5 月，济南五三惨案发生后，童长荣因领导留日中国学生和旅日华侨进行大规模的反日爱国斗争，被日本当局逮捕，遭受严刑拷打。不久，被驱逐回国，在上海从事反帝爱国运动，组织“反帝大同盟”。其后辗转多地，担任党内重要职务。

九一八事变后，东北的大好河山迅速沦陷，东北人民陷入水深火热之中。童长荣被党组织调到东北，担任中共东满特委书记。当时童长荣已身患肺病，应该回乡养病，但他毅然奔赴东满抗日第一线。为了不暴露身份，他化名张长荣，认真学习当地朝鲜族语言，同朝鲜族战友同甘共苦。忍受着病痛的折磨，他废寝忘食地艰苦工作和战斗。有时他就着一盏小油灯，一坐就是大半夜，安排工作，阅读文件，撰写文稿……有时太疲劳了，就到外面与哨兵谈心，问寒问暖；或是用雪擦擦脸，又回去继续工作。他剧烈的咳嗽声惊醒了战友，见他把身披的大衣盖在体弱多病的战友身上，战友们都感动得含泪说：“老张，你怎么就是不顾自己的身体呀！”据一位革命老战士回忆，童长荣时常讲：“对于共产党员来说，不死，革命工作就不算完；死了之后，也要给后代一条往前走的路。”身患重病的童长荣，为了革命事业，战斗在风雪严酷的东北山区，他坚韧不拔的革命斗争精神，体现了一位伟大革命家的高尚品质。

1933 年春天，童长荣亲自率部队到汪清县马村主持军民会议。开会时，日寇“讨伐队”突然包围上来，情况危急。他沉着冷静，指挥部队给予敌寇以迎头痛击，随即率军民迅速转移。日寇气急败坏，恶毒地放火烧毁全村房屋。童长荣在战斗中胳膊受伤，鲜血染红了衣服，但为了群众，他依然立即率领部队回到村子，安抚民众，重建村庄。日寇此后又实施若干残暴政策，企图切断人民和抗日游击队的联系。童长荣坚持抗日斗争，率部队转入深山继续战斗。艰苦的战斗环境、长期的劳累和疾病使童长荣身体日渐衰弱，他有时大口吐血，昏迷不醒。后来他的病情继续恶化，造成局部神经障碍，使他身体时而失去知觉，他却说："作为一个共产党员，只要有口气，就要坚持斗争，直到最后胜利。"

1934 年 3 月 21 日，敌寇又开始大"讨伐"。童长荣被敌人包围，尽管接连负伤，几近昏倒，但他凭坚强的意志力，用尽最后的力气，带领部队突围。他负了重伤，为了不拖累战友们，他让战友们先撤离。大家不同意，他就把枪顶在自己脑门上，大声让战士们快走，自己则只身冲向敌人，吸引敌人的火力。最后他流尽了热血，长眠在长白山下，年仅 27 岁。

31 张敬文：与日本侵略者斗争到底

张敬文，1902 年出生在山东阳谷。在他很小的时候，母亲就死了。后来，他跟着父亲闯关东到了大连谋生。当时大连处在日本帝国主义的殖民统治下，普通劳动人民的生活十分艰难。

17 岁那年，张敬文到日本人开的一家印刷厂当学徒工。他当牛做马地苦熬七年，每天工作十二个小时，还经常被打骂。有一天，实在受不了压迫和剥削，他愤然砸坏了机器，结果被投入监狱，备受折磨，牙都被打掉好几颗。多亏朋友设法营救，他才死里逃生。

他认清了日本帝国主义的丑恶嘴脸，出狱后，毅然去当兵，想保家卫国。他先在冯玉祥部队当兵，后又到吉林德惠警察总署当了警士。在警察总署里，张敬文受到中共满洲省委地下党员吕清潭的帮助和教育，更加明晰了抗日救国的大道理。1929 年春，他光荣地加入了中国共产党。

不久，他到派出所当了巡长。他借和下属聊工作话家常的机会，向他们介绍当时的政治形势，宣传只有抗日才能救国的思想。很多人在他的影响下，走上了革命的道路。1932年3月，中共满洲省委决定在张敬文工作的派出所所在地陶赖昭成立特别支部，由张敬文任特支书记。特别支部成立以后，在张敬文的带领下，大家团结一心，共同学习，大胆开展发动群众抗日的工作。

1934年1月，因中共大连市委遭到敌人严重破坏，组织调张敬文到大连工作。张敬文以回老家为由，辞去派出所巡长职务，又以印刷厂熟练工人的身份，在大连《满洲日日新闻》报社找到一份印刷工人的工作。为了安全起见，张敬文让自己的舅舅杨文志做交通员，负责与中共满洲省委联络，自己则住在老乡的家里。

张敬文以印刷厂工人的身份为掩护，迅速展开重建大连市委的工作。他利用晚上的业余时间，到山东老乡或工友们的家里，给大家讲历史，讲现实，告诉大家只有推翻日本帝国主义的殖民统治，我们中国人才能有平等的地位，不再受日本人的欺压，我们的孩子才有学上；只有推翻现在半殖民地半封建的社会制度，人民才能翻身当家做主，才能过上安稳的好日子。在极其艰苦的斗争环境中，张敬文为大连党组织的恢复发展做了大量工作。在他的努力下，很快发展了三十多名党员，在西川印刷所、满铁入船驿、码头等几处建立了支部。一年以后，经中共满洲省委决定，中共大连市委重新成立。

1935年春天，张敬文领导二百余名工人举行罢工，成功地迫使日本工厂主给工人增加了工资，并给工人修建了澡堂。工作中，他坚持走群众路线，团结人民和同志。在他的组织动员下，很多党员和工人北上参加了抗日联军。

由于工作出色，1936 年 3 月，张敬文出任中共哈尔滨市委书记。张敬文到哈尔滨后，与吕清潭一起开设了一家客栈，以客栈老板的身份发展党的组织、开展工人运动。同年 6 月，由于奸细告密，张敬文不幸被日本宪兵逮捕。

日本宪兵对张敬文进行了严刑拷打，让他说出哈尔滨地下党组织的秘密。张敬文面对残酷刑讯，坚强不屈，只字不露。他不顾自己遍体鳞伤，忍着剧痛，仍然带领狱中的同志们和敌人展开各种斗争。他向同志们宣传抗日救国的真理，介绍马克思主义思想，把外面的信息迅速传递给大家，鼓舞大家坚持斗争就是胜利。他那种斗争到底的钢铁般的意志，深深地感染和激励着大家。

敌人用各种残忍的手段折磨了张敬文几个月，仍然一无所获，遂于 1936 年 10 月 13 日，把他杀害了。张敬文临刑前，昂首挺胸，大义凛然，视死如归，他向同志们高呼："打倒日本帝国主义！中国共产党万岁！"这位极富组织能力的坚强的共产主义战士，壮烈牺牲时才 34 岁。

32 杨靖宇：密林雪原驻英魂

杨靖宇

在中国人民的解放事业中，有无数革命先烈抛头颅、洒热血，用自己的生命保卫祖国的每一寸土地。杨靖宇，一位骁勇善战、有着强大意志的抗日名将，一位让敌人闻风丧胆却又震撼敬佩的民族英雄，被赞为“冰天雪地里与敌周旋七年多的不怕困苦、艰难奋斗之模范”。

杨靖宇自幼丧父，家庭贫苦，但他勤奋好学，渴望知识，成绩一直很优秀。在学校的时候，他受到马克思列宁主义思想的影响，积极参加了革命活动，从此踏上了救国救民的征途。1927 年，他加入中国共产党。1928 年后，他在河南和东北等地从事地下工作，曾多次被捕入狱。面对敌人的酷刑，他坚贞不屈，皮鞭、老虎凳、压杠子，这些残酷的刑罚都没有撬开他的牙关。

1932 年，杨靖宇被派往东北进行革命活动。在这里，他根据上级指示建立了党领导下的抗日民族统一战线，带领部队穿梭在雪林中进行灵活的游击战。他有勇有谋、沉着冷静，多次率领部队给日军以沉重的打击，削弱了日本对东北的统治，令敌人坐立难安、头疼不已，被敌人称为“满洲治安之癌”。1936 年，日军企图消灭我抗日联军，杨靖宇带领部队采用迂回战术，将敌人引入包围圈，一举歼灭其主力部队。

1939 年 10 月，日本关东军司令部调集七万五千人的兵力，对东南满地区实行“三省大讨伐”，杨靖宇领导的东北抗日联军第一路军进入了极端艰苦时期。面对敌众我寡的情况，杨靖宇没有丝毫的畏惧和退缩，运用夜袭、伏击、迂回等灵活的战术一次次带领部队突围，与敌人周旋，把敌人打得狼狈不堪。

但进入冬季后，因作战环境恶劣，战士们体力消耗巨大，敌人穷追不舍，再加上叛徒的背叛，导致多个储藏物资的营地被敌人发现，部队伤亡很大，物资不足，行动越来越艰难。1940 年，在与日军激烈交战四十余次后，敌人再次集结了更多的兵力，对杨靖宇部队进行疯狂镇压，而此时杨靖宇的部队几乎弹尽粮绝。为了保存战力，杨靖宇将抗日联军分成几队分别突围，但因为叛徒的告密，作战计划被日军打乱。但他没有放弃，一边保持昂扬的斗志继续奋战，一边重新制定突围计划。最后，杨靖宇决定自己率领小部分人为诱饵，掩护大部队撤离。在与敌人的激战中，杨靖宇身边的战士越来越少，连续的战斗使他们精疲力竭，饥饿难耐，他们只能挖树根、啃树皮、吃野草棉絮充饥。

1940 年 2 月 23 日，杨靖宇的部队只剩下他一个人，他已经孤身与敌人周旋五个昼夜了。最后他被日军包围。敌人试图劝他投降，杨靖宇对此的回应是继续射击。敌人意识到不可能生擒这位抗日猛将了，随即发动猛烈进攻。杨靖宇坚决反击，左腕负伤后，右手持枪继续战斗，最后身中数弹壮烈牺牲。日军很疑惑，在冰天雪地的密林中，在没有粮食补给的情况下，这个中国军人为什么能坚持这么长的时间？他们残忍地将杨靖宇的遗体解剖了。在他已经饿到变形的胃里，只发现了没消化的树皮和棉絮，没有一粒粮食。在场的日本人无不受到莫大的震撼，中国竟有如此威武不屈的人。

杨靖宇用短暂而辉煌的三十五年人生表达了对党和人民的无限忠诚，冰天雪地里，饥病交迫中，四面包围下，孤身作战时，他诠释了压不垮的民族气节和百折不挠的坚毅精神，他战斗到最后一刻的气概，在亿万人民心中竖起不朽的丰碑，无论过去、现在还是将来，都是弥足珍贵的精神财富。

33 赵尚志：令敌人闻风丧胆的北国雄狮

赵尚志

赵尚志是东北抗日联军的创建人和领导人，威震中外的抗日民族英雄，被当地父老乡亲们亲切地称为“北国雄狮”。虽被称为雄狮，但赵尚志个头并不高，只有 1.6 米多一点。

赵尚志 1908 年出生在辽宁朝阳，父亲是私塾先生，所以他小时候就接受过良好的教育。后来因家贫无法继续读书，他 11 岁开始学着谋生，后来参加学生运动。1925 年，赵尚志加入中国共产党。同年冬，进入黄埔军校第四期学习。1926 年回东北从事革命活动，先后在哈尔滨、长春等地开展党的工作。1927 年，被奉天军阀逮捕关进了长春第一监狱，后被押至南京。由于他无论怎么拷打都没有暴露共产党员的身份，同年 5 月被释放出狱。出狱后，赵尚志被派往中共满洲省委做团的工作。1931 年 4 月，赵尚志第二次被捕入狱，他依然顽强地面对酷刑，严守党的秘密。九一八事变后，党营救他出狱。

出狱以后，赵尚志到巴彦游击队指导工作，帮助游击队整理军纪，培养抗日骨干，领导游击队深入敌后开展斗争，有力地打击了日寇。后到珠和县（今尚志市）建立反日游击队，在珠河一带抗日，曾接连攻克了五常和巴彦两座县城，给日寇以沉重打击。1935 年 1 月，任东北人民革命军第三军军长。1936 年 1 月，任北满抗日联军总司令部总司令。同年 8 月，任东北抗日联军第三军军长。在战斗中，赵尚志发挥了卓越的军事才能。他爱兵如子，也深得战士们的爱戴。他率领抗联战士在极其艰难险恶的环境中，同日寇进行了英勇无比的艰苦斗争。日寇认为赵尚志和杨靖宇一样，是“满洲国”最大的敌人，是他们的心腹之患，他们公开用重金悬赏通缉赵尚志，暗地里也派人数次暗杀他。

1942 年 2 月 12 日凌晨，赵尚志被特务刘德山诱骗，在率抗联小分队袭击伪警察分所时，中了刘德山的黑枪。赵尚志腹部受重伤，被敌人俘虏。日寇急于获得口供，立即对他进行审讯，赵尚志宁死不说。因伤势过重，赵尚志在被俘八小时后壮烈牺牲，时年 34 岁。他牺牲时仍是孑然一身，因为他立志抗战不胜利，自己不结婚。赵尚志牺牲后，日寇残忍地割下了他的头颅，将其身体抛入了松花江。

在特殊的战争年代，因为情况复杂，赵尚志曾被党组织错误地两次开除党籍。虽然他内心无比苦闷，但是他相信组织，也从未因此放弃过抗日救国的大业。1982 年，党组织经过详细调查，恢复了他的党籍，肯定他是一位坚贞的共产主义战士。令人无比欣慰的是，在他诞辰一百周年时，他的颅骨得以安葬于家乡的赵尚志烈士陵园。

34 崔姬淑：朝鲜族抗日女英雄

她被日本侵略者活活地挖出了眼珠，剖出了心脏，但她在生命的最后一刻依然咬紧牙关，不向敌人屈服。她就是朝鲜族的抗日女英雄——崔姬淑。

1909 年年底，崔姬淑出生在吉林延吉细鳞河村一户朝鲜族雇农家里。她 3 岁丧母，家贫读不起书，从小在家干农活。17 岁嫁到龙岩洞的婆家，婆婆家也穷，日子过得一样艰难。后来，龙岩洞村里办起了夜校，她和丈夫一起去学习，懂得了革命道理，加入了村里的妇女会，并很快成为骨干，积极参加张贴反日传单、站岗放哨等各种抗日活动。

1931 年农历二月间，敌人在崔姬淑的家里发现了一台油印机，遂将其丈夫逮捕。同年九一八事变后，崔姬淑积极参加中国共产党组织的秋收运动，同土豪劣绅做斗争。敌人进行了疯狂的反扑，她的公公也被敌人残忍地杀害了。崔姬淑没有被吓倒，1932 年，她加入了中国共产党。不久，她又加入了延吉抗日游击队，成为当地最早的女游击队员之一。一开始，她负责给游击队员们做饭。因为条件艰苦，经常断粮，她就想办法挖野菜给大家充饥。1934 年，组织上把崔姬淑送到游击队的被服厂学习缝纫技术。无论干什么，她都勤奋学习，吃苦耐劳，全力干好。后来，她先后担任抗日联军第二军六师的缝纫队队长、东北抗日联军第一路军第二方面军被服厂负责人。她背着沉重的缝纫机，跟随部队，在茫茫的林海雪原和敌人斗争，一次次出色地完成了组织交付的任务。

为了应对日寇的疯狂“围剿”，抗日联军把部队编成一支支小分队，分散开来继续进行抗日活动。由于日寇封锁，很难筹集到粮食，所以战士们经常吃不饱肚子，还要在冰天雪地里和敌人斗争，日子过得非常艰苦。即使这样，崔姬淑也从来没有掉队。1941 年 2 月，小分队在寻找第二方面军司令部的途中，被汉奸发现，遭到敌人的围攻，崔姬淑腿部受伤，不幸被捕。

敌人把她押到医院，假意给她治伤，派了已经投降的团政委来劝降。叛徒劝她，为了保存革命实力，先活命再说，崔姬淑把他痛骂一顿。紧接着，日寇头目又来劝降：“你还年轻，只要说出你们的司令部在哪里，就给你治好腿伤，然后送你回家，安安稳稳过上好日子。”向来沉默寡言的崔姬淑，以坚强的革命意志，忍着剧烈的疼痛，守口如瓶。日寇头目气急败坏，叫嚣道：“看你还嘴硬不嘴硬，我挖掉你的眼珠子！”敌人叫来外科大夫，绑起崔姬淑，活生生地挖掉了她的双眼！鲜红的血，从眼眶里流出，染红了崔姬淑的脸，虽痛彻心扉，然而她誓不投降。日寇不理解面前这个瘦弱的妇女，哪来这么大的意志力。

“难道你们共产党的心脏是钢铁做的？我要把你的心脏掏出来，看一看！说不说？”崔姬淑摇头。凶残的日寇头目又命令外科大夫活活地剖出了崔姬淑火热的心！

一个农家弱女子，若没有坚强的意志，怎么能饿着肚子打侵略者？一个坚强的共产主义战士，若没有视死如归的意志，又怎能面对敌人的屠刀？崔姬淑，不愧是朝鲜族的英雄好儿女，我们中华民族坚强的抗日女英雄！

35 赵伊坪：在烈火中永生

宋任穷上将在《世纪的追思——缅怀赵伊坪烈士》一书中说："伊坪同志牺牲时年方 29 岁，在他十几年的革命生涯中，从事过多方面的实践，经历过多次严峻的考验与磨炼，作为党的忠诚战士和优秀的革命活动家，他将自己宝贵的青春年华和全部才智，毫无保留地献给了中国人民的解放事业。"

1910 年 7 月 25 日，赵伊坪出生在河南郾城（今漯河市郾城区）一个私塾先生的家里。他从小好学上进。14 岁时，他离家远赴北京育德中学读书。在育德中学，他结识了彭雪枫。1925 年，经彭雪枫介绍，他加入了中国共产主义青年团。1926 年，加入中国共产党。从此，赵伊坪把毕生的精力都献给了民族解放事业。

之后，他回到家乡，从事革命工作。在河南郾城第一完全小学，赵伊坪积极地进行建立和发展共青团组织的工作。1928 年冬，在他领导下，共青团组织在郾城第一完全小学秘密成立。后因反动派搜捕，赵伊坪辗转到北平。1929 年，赵伊坪奉命到西北军冯玉祥部做兵运工作，他深入连队，发展进步官兵，开展革命活动。1932 年，赵伊坪同朱慨夫等人开始在鲁南民团军中开展党建工作。经过一段时间的努力，他们在鲁南民团军成立了党支部，由赵伊坪任支部书记，在鲁南民团军中播下了革命的火种。后来兵变失败，赵伊坪返回河南，以杞县大同中学教员的身份密任中共杞县县委书记、豫东特委书记。在大同学校，他向学生介绍马克思主义，宣传革命真理，培养了一批进步青年。著名诗人穆青回忆说："对于赵老师，我始终清晰地记得他的音容笑貌。是他和其他几位老师一起，最早给了我思想的启蒙，并引导我走上了革命的道路。多年来，无论身在何处，他在我幼年心灵中播下的革命理想和高尚的做人品德，都一直成为我终生不渝的追求。"

1936 年西安事变后，赵伊坪被派到鲁西北开创抗日根据地。在此期间，他发表了一系列积极宣传抗日救国的文章，反响极大。1937 年 8 月，党组织派赵伊坪到韩复榘第三集团军政训处工作。在此期间，他培养了几十名共产党员，这些同志成为鲁西北抗战的有生力量。当时，在鲁西北有一位原西北军的将领范筑先，任山东省第六区行政督察专员、保安司令兼聊城县长。他是一位有民族气节的爱国将领。在以赵伊坪为首的五人高级统战小组的成功劝说下，1937 年 11 月中旬，当日军沿津浦线进犯到黄河北岸，国民党几十万大军渡黄河南逃之时，范筑先通电全国，表达了誓死不渡黄河，坚持在鲁西北抗击日寇的决心，鼓舞了鲁西北乃至全国人民的抗战热情。

1939年3月，中共鲁西区委领导机关随八路军一二九师先遣纵队由冠县、馆陶地区向东挺进。5日清晨，在茌平琉璃寺一带与日军遭遇。激战至傍晚，赵伊坪多处中弹负伤坠马，落入日军魔掌。日军把他绑在树上，用皮鞭抽、刺刀戳……面对凶残的敌人，赵伊坪大义凛然，英勇不屈，痛斥日本侵略军的野蛮侵华暴行。日军恼羞成怒，残忍地将他全身浇上汽油，放火点燃。烈焰中，赵伊坪用尽最后的力气高呼："打倒日本侵略者！中国共产党万岁！"残暴的日军又举起刺刀，捅进他的嘴里。赵伊坪壮烈牺牲，时年29岁。

36 狼牙山五壮士：掩护万人突围

狼牙山五壮士是指1941年在狼牙山反击日军“大扫荡”的抗日英雄群体，他们是晋察冀军区一分区一团七连二排六班的五位英雄：班长马宝玉，副班长葛振林，战士宋学义、胡德林和胡福才。他们奉命掩护狼牙山的部队和百姓转移，在中国革命史上写下光辉灿烂的一页。

狼牙山地处河北省保定市易县西南九十里处太行山东麓，

狼牙山五壮士塑像

属于当时晋察冀革命根据地的东部边缘，山脉的群峰连绵兀立、险峻奇绝，连绵起伏的形状像狼牙，故名狼牙山。由于狼牙山地形适合隐蔽，一遇到敌人的“扫荡”，大多数晋察冀边区的军民往往沿着狼牙山的沟壑向大山深处转移。

1941年8月，华北侵华日军对冀中、冀西地区进行疯狂“大扫荡”，赵玉昆的伪军负责带路，日军很快形成一张巨大的网，把狼牙山包围起来。9月24日，晋察冀一团团长邱蔚带领各游击队、机关干部和群众三四万人进行战略转移，一团七连负责留在狼牙山进行掩护。等大家全部安全转移后，最后还要留下一个班拖住敌人，为军民转移争取更多的时间。团长要求七连的二班和六班在第二天中午之前，把敌人挡在棋盘陀。天色黑下来，部队主力已转移，二班被调去守住东口。六班的五名战士把几箱手榴弹捆扎起来，一束一束地从山脚埋到半山腰，然后分别隐蔽在棋盘陀最险要的“阎王鼻子”和“小鬼脸儿”这些山崖上。

天色蒙蒙亮，日伪军拼命向山上扑过来。在激烈的战斗中，连长身负重伤，二班和机枪班的大部分战士都牺牲了。指导员蔡展鹏找到六班班长马宝玉，说：“你们在山上掩护，争取让咱们的部队和群众走得更远一些。坚持到明天中午，再到规定地点集合。”他给六班留下了一些弹药和所有的地雷，就带领连队突围了。

趁着战斗空隙，马宝玉带领六班的四名战士在各个要道上埋好了地雷。马宝玉下令：“没有我的命令，不准开火。我们每人只有五颗手榴弹。”上山的敌人踩响了地雷，侵略者们像坐上了土飞机一样飞上了天。不久，又一批日本兵在硝烟里爬上山来。距离他们只有二三十米了，马宝玉大吼一声：“打！”手榴弹接二连三地飞向敌兵，炸得敌人死的死，逃的逃。敌人久攻不下，气急败坏，便下令炮轰。一时间，炮声隆隆，碎石横飞，震得战士们耳朵嗡嗡作响。

估计大部队已后转移到安全之处了，于是马宝玉下令“撤”。刚走不远，就碰到了岔路口：向北是八路军转移的方向，向南通向棋盘陀的顶峰，是一条绝路。为了避免日军追上转移的战士和群众，他们扼住通往顶峰的唯一一条道路，分散开来，用冷枪吸引敌人，将日伪军引向狼牙山棋盘陀的顶峰。五名战士已经一天没顾得上吃东西了，饥渴难耐，但是他们仍然以顽强的意志坚持着，边打边走。天已到中午，他们成功拖住了敌人，掩护任务已经完成，可以去找大部队了。

五位战士抓着小树，攀爬着突出的岩石，绕过棋盘陀，爬上了名叫牛角壶的山峰。向山下望去，路上满是日伪军，正在拼命往上爬。班长对准敌人扣响扳机，却发现没子弹了。环顾四周，三面都是悬崖峭壁。看着敌人紧跟着攀爬上来，他们就用石头砸，最后连石头也用完了。面对步步逼近的日伪军，五勇士砸碎了手中的枪支，马宝玉大喊一声：“同志们，跟我来！”他第一个跳下悬崖。日军冲上悬崖才发现，他们数千人围攻了一天多、死伤数百人，拼命要消灭的八路军“主力部队”总共才五个人。

五壮士跳崖之后，马宝玉、胡德林、胡福才以身殉国。副班长葛振林和战士宋学义被山腰的树丛挡住，幸免于难，第二天被战士们找到，回到部队。1942 年 5 月，晋察冀军分区司令员杨成武把代表勇敢顽强的五星奖章挂在葛振林和宋学义的胸前。葛振林后来参加过各种战争，多次受伤荣立军功。宋学义转业返乡后，始终保持英雄本色，从不居功自傲，带领群众艰苦创业，为新中国的建设继续奉献自己的力量。

“狼牙山五壮士”的事迹早已经进入中小学课本，这其中凝聚的民族感情和历史记忆、展现的民族精神，将永远照耀史册！

37 刘惠馨：丹心碧血为革命的坚强母亲

对一个孩子来说，人生最大的不幸莫过于从小失去母爱；对一个母亲来说，人生最大的痛苦莫过于失去自己的孩子。可是，在腥风血雨的革命年代，这样的人间惨剧时时上演。

刘惠馨，1914年出生于江苏淮阴（今淮安市淮阴区）一个公务员家庭。她从小学习刻苦勤奋，立志长大后报效祖国。1934年考入南京中央大学工学院机械工程系，是该系唯一的女生。

1935年，受“一二·九”学生运动的影响，南京中央大学的进步学生掀起抗日救国的浪潮。刘惠馨积极响应，踊跃参加罢课和示威游行等各种革命活动。1937年七七事变后，她放弃学业，参加了中国共产党领导的战时农村服务团，投身到宣传抗日救亡的运动中。1938年1月，她光荣地加入了中国共产党。1938年5月，刘惠馨到建始县组织群众进行抗日斗争工作。她深入田间地头，向农民宣讲抗日救国的革命道理。当时，建始县还没有党的组织，在她和同志们的终日奔走宣传下，成立了中共建始县特别支部，下设八十多个党支部。

鄂西党的特委成立以后，刘惠馨担任妇女部长，同时兼任恩施县委副书记、组织部部长。不久，应南方局钱瑛同志要求，又担任湘鄂西一带的地下交通员。地下交通员工作十分危险，随时都有可能牺牲，刘惠馨能吃苦又机警，一次次奔走在鄂西和重庆之间，出色地完成了任务。怀孕以后，刘惠馨仍然在拼命工作，有时跑几十里山路，因过度劳累而病倒。

1941 年“皖南事变”后，国民党反动派疯狂地抓捕共产党员。由于叛徒的出卖，刘惠馨被捕了。被捕前，刘惠馨听到了特务们在外边争吵的声音，她本有逃跑的机会，但她首先想到的是党的机密，而不是个人安危，于是她赶紧烧毁了所有文件。被捕时，她刚生下女儿没几天，特务们把孩子也一起带走了。

特务们先是软硬兼施，威逼利诱，后又找来无耻的叛徒劝降，刘惠馨始终不开口。劝降不成，敌人又耍了一招，把刘惠馨拉到野外“枪毙”，刘惠馨根本就没有害怕。敌人又模仿鄂西书记何功伟的笔迹，伪造其已投降的假象，也被刘惠馨机智地识破。这些歪招不见效，特务们又打起了孩子的主意，以打死孩子作为威胁，刘惠馨仍坚守秘密。特务们把母女俩关进了阴暗潮湿的牢房里。牢房里连个窗户都没有，见不到一丝阳光。为了让孩子活下去，刘惠馨以绝食抗争。每次严刑拷打苏醒过来以后，刘惠馨首先想到的是给孩子喂奶，寒冬腊月，她宁愿自己受冻，也要脱下自己的破衣服给孩子保暖。同志们看到她们娘俩凄惨的样子，都忍不住痛哭起来。

刘惠馨凭着坚强的意志，鼓励战友们团结起来和特务们斗争，她还暗中调查清楚了叛徒的名字，把情况秘密地送给了上级党组织。她带头在狱中学习，激励战友们出狱后报效祖国。刘惠馨英勇斗争的精神让敌人害怕了，1941 年 11 月 17 日，敌人将她杀害了。她的女儿，才不到一岁，就永远失去了亲爱的妈妈。刘惠馨为了全国人民的解放事业，流尽最后一滴血，献出了她 27 岁的年轻生命。

38 陈若克：用鲜血哺育自己幼小的孩子

哪个妈妈不心疼自己的孩子，哪个孩子不是妈妈的心头肉呢？但是，就有这样一位伟大的革命者，抱着自己刚出生不久的孩子，一起壮烈牺牲。

陈若克，广东顺德（今佛山市顺德区）人，1919 年出生在上海。她的父亲是一个报馆的小职员，母亲是婢女出身的家庭妇女。8 岁时，她曾经上过一段时间的学，有一点文化基础。11 岁时，父亲生病死了，家里没有了收入，她只好和母亲一起到工厂做工。重体力劳动累得她满身是病，但也磨炼出了她坚强的意志。在工厂做工之余，她又坚持自学到了初中文化程度，这在当时的社会环境下实属不易。

16 岁时，陈若克开始积极参加工人运动。17 岁时，她便光荣地加入了中国共产党。入党以后，她一边继续在工厂做工，一边参加党的地下工作，并担任了党支部书记。18 岁时，也就是 1937 年，党组织派陈若克去武汉工作，因接头关系有误，她与党组织失去了联系。她决定去延安寻找党组织，但又因战事滞留在华北。后来经朱瑞（当时任中共中央山东分局书记）介绍进入华北军政干部学校学习。半年后，两人因志同道合，结为革命伴侣。从此以后，夫妻二人携手并肩，共同战斗在华北和山东的抗日前线。

陈若克患有肺病、胃病和贫血，身体很虚弱，但是在工作中她从不叫苦叫累，总是踏踏实实、认真负责，而且她性格沉稳，遇事不慌，总能沉着冷静地应对。1940 年，她当选为山东省各界联合大会临时参议会驻会议员。

1941 年，是抗日战争最艰苦的时期，日伪军大举进攻沂蒙山区。11 月 7 日，在跟随部队撤退时，陈若克拖着即将临产的身子行动不便，和几个同志与部队失去了联系。那天夜里，她不幸被俘，残酷的敌人不顾她是个孕妇，一开始便对她进行了严刑拷打。两三天后，孩子出生了。曾为她接生的老大娘说，陈若克生产时遍体鳞伤，但是很镇静、很坚强，铁人一般咬紧牙关，让人不禁心疼得流泪。

一个浑身是伤、刚生完孩子的虚弱的产妇，也丝毫没有博得敌人的一点点同情和怜悯，敌人对陈若克进行了近二十天的审讯和酷刑折磨。陈若克始终如钢铁一般坚强："问什么！快一点枪毙好了！"这就是她的回答。哪个孩子不是娘的心头肉？敌人想用孩子要挟她，知道她没有奶水喂孩子，就想用牛奶威逼利诱她。但她将牛奶摔在地上，咬破自己的手指，用鲜血哺育自己的孩子！敌人软硬兼施，见陈若克死不开口，从她口中撬不出任何有用的情报，11 月 26 日，将陈若克押赴刑场。

临刑前，陈若克紧紧地抱着自己的孩子。残忍的敌人将陈若克乱刀捅死，孩子也同妈妈一起殉难。人民将永远记得这位坚贞不屈、视死如归的抗日女英雄。

39 辛锐：沂蒙人民的好儿女

在山东济南章丘，有一所辛锐中学，它是为纪念革命烈士辛锐而命名的。

辛锐，1918 年出生在章丘。她从小聪明伶俐、多才多艺，尤其擅长绘画和书法。其父亲是一位抗日的进步银行家。在父亲的影响下，1938 年，她和妹妹到沂蒙山抗日根据地参加了八路军，在部队从事革命文艺宣传工作。同年，她光荣地加入了中国共产党。

辛锐与陈明合葬墓

虽是名门之后，从小生活条件好，但参军以后，辛锐吃苦耐劳，勇于担当。1938 年底，中共中央山东分局机关报《大众日报》创刊在即，但报头、伟人像还没来得及刻，于是辛锐熬了几个晚上完成，保证了《大众日报》创刊号的及时出版。1941 年，辛锐担任了“姊妹剧团”团长，身兼数职，既是编剧、导演，也是演员，带领剧团，冒着危险到处演出，深受战士和群众的喜爱。

这年年底，日本侵略者对沂蒙山区进行“大扫荡”。11 月 30 日，辛锐带领小分队的二十多位女同志转移时，在猫头山遭遇日本侵略者，她一马当先，掩护同志们先撤退。激烈的火力交锋中，她的小腹部被子弹射中，紧接着右膝盖骨全部被打掉，左膝盖骨被打掉一半。同志们奋不顾身地连夜把她抬到了火红峪村的山东纵队第二卫生所。为躲避日本侵略者搜查，同志们将辛锐送到村南不远处的鹁鸽棚洞里隐藏了起来。

12 月 16 日，辛锐去第二卫生所换药，当晚便住在了火红峪村。一群日本侵略者突然来火红峪村一带搜山，同志们急忙抬着辛锐突围。山路崎岖难走，同志们抬着辛锐更是跑不快，结果，刚跑出一百五十米，就看到日本侵略者快要追上来了。辛锐大喊让同志们放下她，赶紧快走！抬担架的同志坚决不肯。她一下子从担架上滚下来，厉声命令：“我用手榴弹掩护你们突围，要执行命令！”这时日本侵略者已经发现了辛锐，兴奋地叫嚣：“女八路！女八路！抓活的！”辛锐咬紧牙关，使劲扔出两颗手榴弹。突然，一梭子弹射中辛锐胸部。她强忍着剧痛，靠在一块石头边，怒视敌人，待日本侵略者靠近了，她用力拉响最后一颗手榴弹，与敌人同归于尽。

此时，她的丈夫陈明同志，在大青山阻击敌人时，已经壮烈牺牲。他们的第二个孩子，还在妈妈的腹中。一个大家闺秀，一个秀外慧中的才女，本可以选择远离战火，相夫教子，却为了抗战胜利而壮烈牺牲。

40 张淑贞：“战时托儿所”的沂蒙红嫂

风景秀丽的沂蒙山区是抗日战争期间重要的抗日革命根据地，在这里涌现出了一大批伟大的女性，她们送子参军，送夫支前，为革命战士做草鞋、缝衣服、照顾孩子、抚养遗孤，冒着生命危险掩护救助八路军伤病员。沂蒙六姐妹、沂蒙母亲、沂蒙红嫂的故事在这片土地上广泛流传，凝结成沂蒙精神的一部分。张淑贞就是其中的一位沂蒙红嫂，是沂蒙红嫂精神忠实的践行者和传承者。

张淑贞是“沂蒙母亲”王换于的儿媳，也是“沂蒙新红嫂”于爱梅的母亲。她1914年出生于山东沂南，25岁时加入中国共产党，是沂蒙红嫂中年龄最大、党龄最长的一位。王换于一家是著名的抗日堡垒户。嫁到这家后，在婆婆的影响下，张淑贞加入沂蒙红嫂的队伍中，成为红嫂精神的践行者。抗战期间，张淑贞还担任了两个村的妇救会会长，负责13个村的抗日宣传和发展党员工作，先后发展了二十多名党员。

抗日战争时期，沂蒙山区是革命部队长期驻扎的根据地之一，艰苦的作战条件和忙碌的工作让部队同志无法照顾自己的孩子，婆婆王换于和张淑贞就把这些孩子接到自己家和附近的村民家照顾。孩子越养越多，这里逐渐变为了一个战时托儿所。在当时的恶劣环境下，自己家人都吃不饱，要养活这么多孩子谈何容易。为了革命战士的后代能健康成长，张淑贞想尽了办法。她把奶水留给托儿所里那些体质差的孩子，而自己的孩子就喝点糊糊汤。看着自己孩子面黄肌瘦的样子，张淑贞心如刀绞，可是她咬牙坚持下来了。在她竭尽全力的呵护下，战士们的孩子一天天长大了，而张淑贞自己的两个孩子却因营养不良夭折了。张淑贞和她的婆婆共养育了三十多个革命后代和八个烈士遗孤，正是张淑贞一家拼尽全力的保全，才让这些为国家而奋斗的英雄们得以子嗣绵延。张淑贞说："都是国家的后代、革命的后代，救一个也好。"

在那个战火纷飞的年代里，质朴勤劳的沂蒙红嫂用自己的双手抚育革命后代，同时她们凭借着自己的智慧，掩护了许许多多面临困境的战士，拯救了很多伤员。1942 年 10 月，八路军的伤员为了躲避敌人的搜捕躲进了山洞里。风雨交加的晚上，张淑贞怕伤员穿得太单薄，决定冒雨去山里送衣服和吃的。为了不被敌人发现，她把衣服都穿在自己身上，带着煎饼就上山了。到了山洞，她把衣服都脱给伤员，自己只留了一件贴身单衣，等回到家时，她已全身湿透。每次战争结束，面对敌人"救一个八路就活埋全家"的威胁，张淑贞和婆婆均毅然奔赴战场，寻找伤员，掩藏物资。子弹多次擦着头皮飞过去，头发都被烧焦了，衣服上都有子弹孔，但张淑贞说：“早就不管死活了。”整个抗日战争期间，张淑贞婆媳俩冒着生命危险，抢救、掩护了近百名八路军伤病员和抗日干部，掩藏了大量的抗日物资，含泪掩埋数百名无名烈士遗体。

临终前，张淑贞将自己一生的积蓄 18939.8 元全部作为党费交了上去。弥留之际，她把收藏的三枚党徽攥在手心，反复念叨：“我是一名党员……”张淑贞老人已经去世了，但她的感人故事和红嫂精神一直感动着中华儿女。质朴勤劳的沂蒙红嫂不会说什么豪言壮语，她们用自己的行动表达着对党的忠诚和对军队的热爱，用生命传承了沂蒙红嫂精神。

41 岳勇：文武双全、铁骨铮铮的太行英雄

在山西省阳泉市革命烈士纪念馆，岳勇烈士生前穿过的衣服和裤子洗得干干净净、叠得整整齐齐地放在陈列柜里。岳勇是著名的抗日英雄，他的威名曾传遍整个太行山。

岳勇，1902 年出生在山西平定岳家庄。他从小喜欢读书，但家里穷供不起，只好半工半读，自学了很多文化知识。除了爱文，他也喜欢习武，他长得浓眉大眼、膀大腰圆，自有一身好力气。岳勇是一个文武双全、知书达理、仁义厚道的好后生，乡亲们都很喜欢他。

抗战爆发后，为了抗日救国，他毅然参加了太原市国民兵军官教导团。在那里，他受到了良好的教育。训练结束返回故乡之后，岳勇组织了“抗日游击队”，发动群众团结起来抗日。1938 年 4 月，岳勇加入了中国共产党，并担任了村里的第一任党支部书记。在他的领导下，岳家庄成了全县的抗日模范村。“百团大战”前夕，他发动群众做准备，还带领民兵直接参加了娘子关战斗。1941 年，党组织调他到形势严峻的阳泉四区任

区长。四区紧靠阳泉，特务汉奸活动异常频繁，但其地理位置十分重要。岳勇工作中胆大心细、不怕危险、冲锋在前，所以，很快就打开了新的工作局面。

1941 年，抗日战争进入了最艰苦的阶段。他克服困难，带领群众，智斗敌人，干掉了不少汉奸特务。敌人将其视为危险分子，一心要活捉他，在阳泉的许多村镇，都张贴了悬赏告示。这年年底，由于叛徒出卖，他不幸被捕。

岳勇被捕后，敌人想拉他入伙，先是想用好吃好喝软化他，但岳勇根本不予理会。敌人又把他的妻子、孩子、父亲抓来，妄图用骨肉之情劝其投降，又没得逞。敌人还不死心，又派岳勇当了汉奸的侄子、当了国民党团长的姐夫先后来“现身说法”，依然无效。劝降不成，敌人又改用诱降的办法。他们假意让岳勇的亲戚把他“保”出去，又专门派了厨师、仆人伺候他，还送了很多好吃好喝好玩的和钱财，但岳勇还是那句话：“誓死不投敌！”

敌人费尽心思折腾了一个多月不见成效，又把岳勇关进监狱，开始逼降。当天夜里，敌人就搞了一次假枪毙。他们把岳勇和另外两名同志一起带到村外河口，枪声过后，两名同志英勇牺牲了，但岳勇同志并没有因此被吓倒。敌人恼羞成怒，把他脱得只剩一条短裤，倒吊在院子里，往他身上泼凉水。寒冬腊月滴水成冰的季节，岳勇冻得浑身发抖，仍不屈服。敌人又从屋里端来火盆烤他的头，他的头发被烧焦了，脸也肿了，人昏死过去。敌人把他抬回屋里，等岳勇刚刚清醒一点，便逼问他投不投降，岳勇摇头。敌人拿起一根烧红的铁柱，一下子捅上他的左胸，他又晕死过去……十几天后，敌人又把岳勇的家人叫去“谈话”。当着亲人的面，用皮鞭在他身上狠抽，见他咬紧牙不开口，又往他嘴里灌煤油、辣椒水，往手指里钉竹签。见他还不服软，敌人用大铁钉把他的双手钉在门板上，然后用刀子、剪子在他身上乱刺、乱扎，一个侵略者还残忍地割掉了他的左耳，岳勇几次疼晕过去，又被敌人泼醒。在亲人面前受此酷刑，既是对岳勇身体的摧残，更是对亲人心灵的巨大折磨！这帮失去人性的侵略者和汉奸，兽性大发，拿起铁锤朝血肉模糊的岳勇头部狠命一击。1942 年 1 月 18 日，岳勇壮烈牺牲了。这个太行山的汉子，以其铁骨铮铮的精神诠释了共产党人的坚贞不屈。

42 林心平：受尽酷刑，尸骨无存

林心平塑像

十月怀胎，一朝分娩。在医术并不发达的过去，生孩子就是拿大命换小命。生完孩子以后，产妇身体都极度虚弱，需要静养。可是，在特殊的革命年代，多少年轻的母亲，为了革命，根本顾不上自己的身体，更保护不了自己幼小的孩子。骨肉生死离别之痛，痛彻心扉！

林心平，1919年出生在浙江平阳一个医学世家。她从小热爱学习，热爱祖国，有理想，有抱负，在校读书期间就积极地参加各种抗日救国活动。曾经被捕入狱，出狱后继续参加革命。1936年，她受组织委派到上海从事党的地下交通工作。同年11月，光荣地加入中国共产党，立志为民族解放事业奉献一切。

1938 年春，林心平调到中共中央东南局妇女部工作，之后到新四军江南指挥部一支队任文工团副团长。林心平不怕艰难险阻，在险恶的环境中积极开展工作，她以办夜校的形式，宣传共产党的抗日精神，发动群众起来抗日。她还在当地组建了贫农小组、妇女抗日会、青年抗日团，为部队培养输送了很多优秀青年，扩大了地方抗日游击队的力量，被当地人民群众亲切地称为“长漏女杰”。

1941 年，为扩大抗日武装力量，分散敌人的兵力，党组织任命林心平兼任宜兴县官林区（今宜兴市官林镇）区长，负责领导开展长漏东南边区的抗日战场。她深入敌后，发动人民群众，对投靠日本人、收买地方恶势力与抗日政府作对的伪军头子吴苏展开讨伐。敌伪军十分害怕林心平领导的抗日武装力量，派特务四处抓捕林心平。

1942 年 6 月，因长期工作劳累和营养不良，林心平生完孩子后身体极度虚弱。在秘密就医时，被伪军头子吴苏得到情报，包围了中药铺。林心平进行了顽强抵抗，子弹打尽后不幸被捕。吴苏如获至宝，以为抓住了共产党的女区长，一定能获得重要情报，好向日本人表功。他多次审讯林心平，软硬兼施，用尽酷刑，结果反而被林心平大骂汉奸没有好下场。气急败坏的吴苏将林心平交给了日本侵略者。日本侵略者更加凶残，用尽各种惨绝人寰的酷刑折磨林心平，但是他们没想到林心平那么坚强，即使遍体鳞伤也不松口，反而对他们破口大骂。7 月 20 日，泯灭人性的日本侵略者把她大卸八块，然后丢入硝酸水中毁尸灭迹。铮铮铁骨的女英雄最后尸骨无存!

慷慨就义的林心平牺牲时年仅 23 岁。2014 年 9 月 1 日，林心平被列入民政部公布的《第一批著名抗日英烈和英雄群体名录》。

43 张凤亭：铁骨铮铮，慷慨赴死

河北盐山的日寇喊出一个口号："宁捉活凤亭，不惜一百兵。"面对敌人的劝降，抗日民族英雄张凤亭的回答是："有枪的时候，用子弹回答你们的问话，现在我用骨头来回答你们！"

张凤亭，1908 年出生在一个贫困回民家庭。十五六岁时，为了维持生计，他借钱买了一头小毛驴，参加了刘子芳领导的毛驴盐帮队，练就了一手好枪法。在刘子芳的影响和培养下，他在 1926 年加入了中国共产党，担任秘密警卫。他积极参加抗日救亡活动，跟随盐帮队把油印的革命小报、传单和标语撒遍津南广大地区。津南特委在大堤东建起了农民自卫队，策应马颊河地区的"河工暴动"，张凤亭担任突击队小队长。

1937 年七七事变爆发后，张凤亭参加了华北民众抗日救国军，担任一团一营营长，向群众宣传抗日救国的道理，征集枪支弹药。他多次率领部队攻打南皮县的反动民团，缴获步枪、手枪五十多支。在攻打海丰据点的战斗中，俘虏敌人三百余人，缴枪二百多支。1940 年，刘震寰创建鲁冀边区回民大队，张凤亭先后担任二大队副大队长、回民支队副大队长。由于他经常率军露宿在红荆丛中、交通沟里，双腿得了风湿性关节炎，有时疼得不能迈步，但他总是咬牙坚持战斗，深得回民支队长刘震寰的器重和战士们的尊敬。

1942年5月18日，张凤亭经组织批准，暂时回到家中养伤，不料被侦察的特务发现。21日，一百多名日伪军突然包围了张凤亭的家，喊出“宁捉活凤亭，不惜一百兵”的口号。卧病在床的张凤亭临危不惧，紧紧握住匣子枪，做好隐蔽。日伪军的子弹从窗户射进来，他镇静自若，瞅准机会，“啪”的一枪击中靠近门口的特务，敌人应声倒地。敌人集中火力向屋内射击，无济于事，只好从房顶挖洞，放火烧屋。浓烟滚滚，敌军狂叫。张凤亭出其不意，拖着沉重的病体，趁着烟雾持枪冲出村子。在村东南的湾子里，他又被敌人包围。敌人多次冲杀，他打死、打伤敌人无数，一直坚持到傍晚，最终因弹尽力绝而被俘。

被押解到盐山日本宪兵队部以后，张凤亭踢翻了设宴款待他的桌子，打得日本人满脸是血。敌人用尽了各种酷刑，坐老虎凳、灌辣椒水、钉竹签，轮番折磨拷打，都不能动摇他钢筋铁骨般的意志。他多次昏死过去，身上被酷刑折磨得露出了白骨，也没吐露一个字。敌人威胁说：“明天用你去为建设大东亚新秩序的忠魂们祭灵。”他回答说：“有枪的时候，用子弹回答你们的问话，现在我用骨头来回答你们！”临刑前，狱友们凑钱，托看守到回民饭馆买来牛肉焖饼，为他壮行。有人问他有什么嘱托，他说：“活着的人要热爱祖国，保卫祖国，把万恶的日寇赶出中国。”

5 月 23 日上午，日军把群众聚集到盐山城西北角的刑场上，妄图恫吓继续反抗的抗日民众。面对敌人最后的劝降，张凤亭怒斥道：“八路军的战士，有种的回回，绝不投降！要杀就杀，没有二话！”在押往刑场的路上，张凤亭拖着伤痕累累的身子，大骂日本兵的暴行。为了阻止他演讲，日本人先用刀割掉了他的双耳，他还是讲个不停、骂个不停。敌人又用刀砍掉了他的一条胳膊，他摇晃了一下身子，仍然顽强地高喊：“打倒日本帝国主义！打倒汉奸卖国贼！中国共产党万岁！”走到西城门的时候，敌人又挖去了他的眼睛。在刑场上，敌人喝令他跪下，他挣扎着站起。残忍的敌人抡刀砍下了他的双脚，他仍大骂不止，敌人又砍掉了他的另一条胳膊，割掉了英雄的舌头。张凤亭倒在血泊之中，时年 35 岁。

万恶的敌人只能肢解英雄的躯体，但是丝毫不能动摇英雄钢铁般的意志。张凤亭不愧为回族人民的骄子、中华民族的脊梁。

44 施奇：这些野兽玷污不了我的心

在和平年代，如果一伙暴徒残害了一个姑娘，必将受到法律的严惩。可是，在战争年代，他们不仅逍遥法外，还污蔑受害者。一个革命者，被捕后受到非人的凌辱，非有坚强的意志不能活下来！国民党反动派对自己同胞犯下的罪行，禽兽不如、令人发指、罄竹难书！

施奇，1922 年出生在浙江平湖一个贫苦的家庭。14 岁时，因生活所迫到上海一家缫丝厂做了童工。1937 年，淞沪会战爆发后，她积极报名参加了共产党的外围组织——中国红十字会煤业救护队，到抗日前线抢救伤员。1938 年 8 月，她参加了新四军，不久加入中国共产党。在军部教导队完成学业后不久，施奇被调到军部机要科担任报务员，并担任江北大组组长。

1941 年，在“皖南事变”突围中，她和战友们失散了。在山洞里藏了几天之后，饿得头晕眼花的她借着夜幕掩护，悄悄地来到了一户老大娘家。好心的大娘同情她，让她扮作自己坐月子的儿媳妇隐藏起来。但不幸的是，几个国民党匪兵搜索老大娘家时，看出了破绽，当即逮捕了她。令人发指的是那几个流氓匪兵，竟然残忍地凌辱了施奇，他们百般蹂躏折磨她，直至她当场昏死过去！无耻的匪兵并没有就此放过她，而是用破门板把施奇抬进了上饶集中营，关进了阴暗潮湿的牢房。

施奇本来是个年轻健壮的姑娘，被匪兵们凌辱以后感染了严重的妇科疾病，在监狱里得不到治疗，她的病越来越严重，连路都走不了。特务们把她扔在由几块石头和破门板搭成的“床”上，任其自生自灭。偶然一次机会，特务们发现她的手指上有老茧，据此断定她是新四军的报务员，于是想从她嘴里套出党的秘密。特务们引诱她，只要她说出来，就立马给她治病。但是，施奇自始至终没有吐露一句实情。

狱中的战友们看施奇被折磨得奄奄一息，无比愤怒和悲痛，可施奇却安慰战友们：“这些野兽动摇不了我钢铁般的意志，玷污不了一个共产党员的心。只要我的心还在跳动，就决不停止对敌人的斗争！”狱中的战友们为挽救施奇的生命，集体向特务们抗议，如果再不给她治病，就向外界揭露国民党匪兵的兽行。集中营的特务假惺惺地答应了，敷衍了事地给施奇几片消炎药吃。战友们轮流到施奇的牢房里照顾她，施奇也利用这个机会，拖着病体，为战友们秘密传递消息，准备越狱。她多么想和战友们一起逃出去，找到敬爱的党组织啊，但是，她又害怕自己的病体会拖累大家。她深情地告诉战友们不要管她了，只希望战友们出去以后，替她控诉国民党匪兵的罪行，为她报仇。

1942 年 5 月，国民党在抗日战线上节节败退，集中营的特务们准备南逃闽北。他们尽管觉得带着半死不活的施奇南逃会多个“累赘”，也不肯留她一条生路。丧尽天良的特务们把一息尚存的施奇秘密地冒雨抬到茅家岭雷公山下，活活地给埋了。

施奇牺牲时才 20 岁，正是风华正茂的大好年华。她为了坚守自己的信念，坚守自己的精神家园，献出了自己宝贵的生命。她被誉为我军机要战线上坚贞、圣洁而崇高的“丹娘”。

45 孙晓梅：文精武壮女中魁

浙江富阳龙门是东吴孙权后裔聚居的地方。1914 年，孙晓梅就出生在这里的一个封建大家庭。当时的封建家庭都重男轻女，所以尽管她打小就聪慧，也直到 11 岁才被允许上学读书，而且断断续续。但她好学上进，阅读了很多进步书刊，自学了不少知识，练就了很好的文笔。她曾经和同学们一起，在龙门古镇闹市口创办过《龙光周刊》墙报，也曾经写成《繁昌战斗中的妇女们》一文，发表在 1940 年 4 月 15 日浙江绍兴出版的抗日刊物《战旗》上。

1937 年七七事变后，孙晓梅和志同道合的进步青年一起参加了抗日救国活动。1938 年 10 月，他们一起参加了皖南新四军，正式加入抗日战线。1940 年 9 月，孙晓梅光荣地加入了中国共产党，并担任中共武进县委妇女部部长、镇丹县委民运工作队队长。虽然从小生活在条件优渥的家庭里，但是在工作中她吃苦耐劳，经常躲在芦苇滩里，睡在庄稼地里。1941 年 10 月，组织上调孙晓梅到中共长江工作委员会工作，负责长江工委与路北特委间的政治交通工作。当时，从南京到扬中的长江地段，敌伪严防死守，不但两岸设立了很多碉堡，而且巡逻艇不停地在宽阔的江面上穿梭。孙晓梅机智勇敢，她有时扮作教书先生，有时扮作农家妇女，有时扮作阔太太，有时又扮作小商小贩，在敌人的眼皮子底下传递情报，护送同志，购买药品，转运物资等。有次为了躲避敌人的查夜，她躲进棺材铺的棺材里睡了一夜。为了保护好这条交通线，她做通了很多伪军的工作，让他们为革命服务。而对那些破坏革命工作的顽固分子，她深入虎穴，严惩不贷。越是任务艰巨，孙晓梅越是冲在前面，被同志们亲切地赞誉为“女中丈夫”。

1943 年 3 月，日本侵略者开始大规模的“清乡”运动。抗战形势非常严峻，孙晓梅完全将个人的安危置之度外，只要有任务，不管多么危险，她都义无反顾地立即执行。她乔装打扮，日夜奔波在秘密交通线上，多次安全掩护同志们渡江北上。4 月 27 日，她护送党的一批干部成功北渡长江，在凌晨返回时，不幸被日本侵略者驻龙潭宪兵队抓获。

日本宪兵小队长见她是一名女子，以为只要好言好语加上丰厚的物质条件就能诱降她，所以一开始假意设宴“款待”孙晓梅。聪明的她立马识破了侵略者的诡计，愤然掀翻了酒席，痛斥侵略者在中国犯下的滔天罪行。日本侵略者看她不顺从，恼羞成怒，转而对她进行严刑拷打，企图撬开她的嘴，获得秘密交通线的情况。侵略者将她押到龙潭镇老虎山山坳里，对她施以酷刑。孙晓梅忍着剧痛，坚强不屈，誓不投降。侵略者再也没有耐心了，残忍地杀害了她。

牺牲时，孙晓梅才 29 岁。曾与她共事的我国著名经济学家薛暮桥称孙晓梅为“文精武壮女中魁”。

46 任作民：七年牢狱也不能屈服

任作民，1899 年 10 月 31 日出生于湖南湘阴。1922 年 1 月，不满 23 岁的任作民光荣地加入了中国共产党。从此，他将自己奉献给了祖国和人类的解放事业，一直到生命的最后一刻。

任作民先后在上海、湖南等地担任地下党的领导工作，一直兢兢业业、勤勤恳恳。其间他曾两次被捕，在监狱中度过了七年的漫长岁月。在狱中他经受了非人的折磨，浑身都是敌人拷打的伤痕，但他从未动摇对党忠诚的信念，没有泄露任何党的机密，展现出一名共产党员坚贞不屈的气节。

1927 年，任作民被派往开封工作。1928 年，因为叛徒的出卖，他被逮捕了。任作民用早就准备好的口供和敌人周旋，始终不承认自己的真实身份。敌人开始对他用刑，几个大汉把任作民绑上老虎凳，剥掉他的衣服，捆住他的双手，用杠子压，直到他昏死过去。敌人还用鞭子抽，用烙铁烫……几次用刑下来，任作民遍体鳞伤，昏死过去好几次，但他始终没有透露任何党的信息。法警看着皮开肉绽、血肉模糊的任作民，也不得不佩服他的骨气，觉得他是一个好汉。过了十几天，在狱友的照顾下，任作民才勉强恢复，脱离了死亡的危险。

在狱中，任作民一直没有放弃与敌人斗争，他联络狱中的同志，组建了临时党支部，团结监狱难友一起斗争。为了保护同志，他主动承担支部领导工作，根据监狱中的特殊形势开展工作。比如，组织同志们进行学习，加强政治教育；用写暗码、敲墙壁等方式传递消息；要求党员在狱中也要起到模范作用，保持革命气节。他们的斗争鼓励了很多年轻的同志，大大提高了他们对革命必将胜利的信心。

经过党组织的积极营救，任作民在 1930 年 1 月被释放出来，回到了党中央。他受到了组织的表扬和同志们的尊敬，大家都敬佩他对党的忠诚和钢铁般的意志。1932 年，任作民被派往山东工作，任山东省委书记。他知道这次任务的风险很大，但没有半句推辞，他早就将个人的安危置之度外，党的革命事业才是他首要考虑的问题。

1933 年 2 月，任作民再次被捕了，他又一次遭到了严刑拷打。两个特务将任作民的衣服脱掉，强迫他跪在地上，在他腿上压杠子。一开始站上两个人，接着再站上两个人。任作民昏了过去。特务用水泼醒他，看他一言不发，就再次上刑。一次又一次，任作民咬紧牙关忍受着，决心以死和他们硬拼。

敌人还对他进行精神折磨，想把他搞得头昏脑涨，妄图从精神上使他屈服。但不管敌人用什么方法，都撬不开任作民的嘴。他怒斥敌人不去打日本帝国主义，却在这里荼毒同胞。同时，他保持镇静，不管敌人怎么胡搅蛮缠都不上当。敌人被气得七窍生烟，却也无计可施。敌人将任作民等押送到山东省公安局拘留所，第二天又押送到济南市西关地方法院看守所。这一次，任作民在监狱中待了四年。但任作民始终没忘记自己的党员身份，他和其他共产党人一直进行狱内斗争，还提出了把监狱当成共产党人的学校和修养所的理念。

1937年，任作民被营救出狱。他深感时间的宝贵，立刻就投入到了党的工作中。因为在狱中饱受折磨，他的身体很差，1942年2月于延安病逝，年仅43岁。在他的墓碑上，刻着这样一句话："作民同志为党奋斗二十年如一日，临难不苟，大义凛然，入殓时全身烙刑伤痕宛然，布尔什维克气节与世长存。"

47 王光：坚贞不屈的女区长

1920年，王光出生于山西稷山一个贫穷的家庭。小时候为了活命，她被卖到地主家当了丫头。因不甘屈辱的生活，她从地主家逃了出来，一路乞讨逃到了运城，遇到了好心的养父母将她收留。养父母是有文化的人，不但供她吃穿，还把她送到学校去读书。王光学习刻苦，成绩优秀，后来考入了运城女子师范学校。

1938年3月，日本侵略者攻占了运城，运城女子师范学校也被迫解散。王光跟随养父母到猗氏县（今属临猗县）罗村亲戚家避难。当时，罗村是共产党领导的抗日民主县政府的驻扎地。在那里，王光开始积极投身到抗日运动中。她有文化，便帮着书写标语、散发传单。她还参加了大众剧团，冒着生命危险，到距离敌人只有四五里地远的村子去演出，进行抗日宣传。1939年6月，王光加入了中国共产党，立志为了民族解放，为了党的革命事业奉献一切。

后来，组织上派王光到中国人民抗日军事政治大学（简称抗大）太行分校学习。毕业以后，因成绩特别优秀，组织决定留她在学校当教官，而王光却坚决要求到抗日前线去打侵略者，解救正在受苦受难的同胞。因工作能力强，又能吃苦，1942 年 5 月，王光被任命为冀氏县（今属安泽县）一区副区长。她不仅带领群众开展了减租减息、反奸清算的运动，这年秋天，还带领三个班的战士，装成出殡办丧事的样子，一举歼灭了三十多名日伪军，并当场击毙了日军分队长佐木三郎。

1943 年 4 月，王光被任命为冀氏县四区区长。同年，日本侵略者开始对岳南抗日根据地进行残酷的“扫荡”，试图把根据地变成“无人区”。那段时间是根据地最苦的日子。10 月的一天，当她带领民兵掩护群众转移时，遭遇到了巡山的日军。为了掩护隐蔽在山沟里的民兵和群众，王光跳出山沟，引开敌人，被敌人打伤了双腿。很快，她的子弹用光了，仅剩一枚手榴弹。为了拖延时间，她忍着剧痛，等侵略者靠近时才扔出手榴弹。不料这枚手榴弹没有爆炸，王光被侵略者俘虏了。

侵略者把她押回驻地，绑在柱子上进行严刑拷打，逼问她老百姓和民兵藏在哪里，八路军又在哪里。王光说：“他们都藏在我的心里！”任侵略者怎么打，王光始终没有说出一点真相。恼羞成怒的侵略者割掉了她的耳朵，疼得王光昏死过去。侵略者往她头上泼了一盆冷水，泼醒她后继续逼供。王光忍着剧痛，抱定了为革命牺牲的决心，高喊“打倒日本帝国主义”的口号。泯灭人性的侵略者又割掉了她的舌头，接着又挖出她的眼睛，割掉了她的鼻子，最后残忍地挖出了她的心脏！王光受尽酷刑，仍坚贞不屈，壮烈牺牲时年仅 23 岁。

48 刘耀梅：被凌迟而死的抗日女英雄

十四年抗日战争期间，日本侵略者在中国制造的一次性死亡人数在八百人以上的大惨案，就有一百七十三次！“平阳惨案”就是其中一例。河北省阜平是晋察冀边区的政治军事中心，平阳是阜平的东部门户，晋察冀边区部分机关和大量公粮、军用物资都在这里，因此，平阳成了日本侵略者“扫荡”的重点。

刘耀梅尸体投放处

1943 年秋，日本侵略者发动了为期三个月的“扫荡”，实行烧光、杀光、抢光的“三光”政策。日本侵略者残害人民群众的手段令人发指：怀胎十月的孕妇被活活剖开肚皮，只因侵略者打赌要看看胎儿性别；不满周岁的娃娃被从娘亲的怀抱里抢过来，直接被扔到隔壁院墙里；一个少年被绑到树上，被狼狗活活咬死；青壮年被射杀、摔死、折磨死；妇女被凌辱致死；老年人被扔进火里活活烧死……一千多名同胞就这样被屠杀，五千多间房屋被烧毁！

刘耀梅是罗峪村妇救会主任，白天她带领民兵放哨，侵略者来了马上转移；晚上带领乡亲们抢收秋粮。她还秘密照顾着两名受伤的战士。罗峪村离平阳只有五里山路，情况非常危险。为了确保伤员的安全，11 月 3 日夜，刘耀梅同乡亲们一起，冒着生命危险，一口气跑了二十多里路，把伤员转移到安全地带。17 日，刘耀梅的父亲在南工村被日军杀害了。刘耀梅怕奶奶再遭不幸，把老人转移到了连家沟村。18 日，区长来到连家沟村，嘱咐刘耀梅回村后一定要保护好埋在村里的公粮。第二天，天刚微亮，刘耀梅正准备返回罗峪村，不料敌人已经把连家沟村团团围住。她被捕了。

杀人不眨眼的日本侵略者，得知刘耀梅是共产党员、罗峪村妇救会主任，当即审问她，逼她说出八路军的粮食和枪支弹药藏在哪里，村里还有哪些人是村干部和共产党员。刘耀梅被打得遍体鳞伤，始终没有泄露一点秘密。

第二天上午，日本侵略者把刘耀梅绑在了一棵大柿子树上，再次审讯，刘耀梅仍然怒目而视，守口如瓶。日本侵略者的头目荒井突然兽性大发，竟亲手将刘耀梅腿上的肉割下，当场烧熟吃了！刘耀梅的鲜血流了一地，腿上露出白骨，人几乎昏死过去。但她依然没有求饶，而是咬紧牙关，一声不吭。敌人把她腿上、胳膊上的肉一刀刀割下来。她咬破了嘴唇，咬碎了牙齿，一次次晕死过去。在折磨了她整整三天后，无计可施的日本侵略者剜出了她的心、肝、肺，然后将她的尸体投入水井里。

1943 年 12 月，刘耀梅壮烈牺牲后，抗日军民找到了她的遗体——她双目微闭，头和脖子只连着一层皮；腹腔被剖，胸前两个大血坑露着肋骨；胳膊、大腿都被割得露出了骨头……她牺牲时才只有 22 岁！这个坚贞不屈、忍痛熬刑、具有中华民族大无畏精神的女英雄永存于人们心间！

49 李敏：浙东的刘胡兰

李敏塑像

在中国，刘胡兰的故事家喻户晓。你可知道，在浙江东部，也有一位“刘胡兰”，至今人们仍缅怀她、纪念他。

1924 年 1 月 30 日，李敏出生在浙江镇海（今宁波市镇海区）一个小职员家庭。12 岁时因家贫到日本人办的纱厂当童工，她每天得干十二个小时的活，还经常遭到殴打。1937年，父母卖了家里仅有的一块小山地凑了点学费，满足了李敏强烈的求学愿望。在学校里，李敏不仅聪明好学，还积极参加学校组织的抗日救国宣传队、小先生教字组。三年的学习生活，使她更加热爱祖国。

1940 年，日本侵略者占领镇海青峙，到处烧杀抢掠，李敏的母校也被大火烧毁。她的父亲被日本侵略者拉去当挑夫，伤了脚，导致终身残疾。1941 年，李敏开始参加抗日救国斗争，她秘密为部队准备物品、提供情报、指引道路，逐步积累了丰富的敌后斗争经验。

1942 年 8 月，李敏光荣地加入了中国共产党。党组织派她到启明小学，以教师的身份作掩护进行抗日斗争。李敏教学生唱抗日歌曲，给学生讲抗日故事，带领学生进行抗日宣传。业余时间，她办夜校、妇女识字班，教贫苦农民文化知识。很快，她在当地成为人民群众信任的人。1943 年春，李敏任中共樟水区区委书记，她挨家挨户做工作，动员群众起来参加革命，在很多村里建立起了革命自卫队。这些自卫队有力地配合了游击队的抗敌工作。1943 年 9 月，李敏冒死传递情报，配合浙东游击纵队第三支队，一举将国民党顽军郭青白逐出鄞西，解放了鄞西地区二十个乡镇，成立了民主政府。1943 年秋，浙东反顽敌自卫战争开始，县委为加强对鄞江新区的领导，调沉着老练的李敏任该区区委书记。鄞江新区革命斗争形势极其复杂严峻，日本侵略者、伪军、郭青白残部不断搞袭击，李敏带领工作组艰难地开展工作。经过几个月艰苦卓绝的工作，他们组建了儿童团、妇女会、农协会和一支以猎户为骨干的区小队，共同和敌人斗争。

1944 年 2 月，李敏不幸被捕。国民党顽军见抓住了共产党的区委书记，如获至宝，以为能顺藤摸瓜，捣毁整个区委组织。寒风凛冽的冬天，国民党顽军让李敏仅穿单衣短裤，把她押到大街上，绑在屋前的柱子上，拿着刺刀威逼她。李敏毫不畏惧：

“要杀就杀，要刺就刺，要我说出来办不到！”国民党顽军用刺刀往李敏的小腿上一刀刀刺下去，边刺边叫嚣：“说不说？”殷红的鲜血流了满地，李敏牙关紧咬，怒目而视，坚决不投敌。被敌人强行抓来的群众，看到这么血腥的惨状，都忍不住掩面哭泣。

狠毒的国民党顽敌，刺了李敏整整27刀！为了防止李敏向群众喊口号，还在她嘴里塞了一块石头。国民党顽敌还贴出告示，威吓老百姓不准给李敏收尸。年轻有为的李敏就这样英勇牺牲了，人们敬佩她坚贞不屈的革命意志，继续坚持战争，称赞她为“浙东的刘胡兰”。

50 马立训：威震敌胆的爆破英雄

爆破是红军在攻坚战中最常用的手段，只要能准确炸掉敌人的据点和火力口，就能减少伤亡，保存进攻实力。但毫无疑问，爆破也是攻坚战中最危险的任务，爆破手需要冒着敌人密集的弹雨，带着炸药包冲到敌人近处引爆，稍有不慎就会尸骨无存。爆破手们都是有着钢铁般意志、无畏生死的英雄。马立训就是其中一位爆破英雄。他一次次冒着生命危险出色地完成了二十多次爆破任务，炸死日伪军五百余人，被战友们称为“爆破大王”。

马立训来自山东淄博一个贫困的矿工家庭，从小父母双亡的他是吃百家饭长大的。他 12 岁就去了煤窑做苦工，不久被招募进入国民党军当兵。1940 年 4 月被解放，参加了八路军。在部队首长和战友们的关怀帮助下，马立训很快成长为一名思想觉悟高、军事技术好、作战英勇机智的优秀战士，并在 1944 年加入了中国共产党。马立训没有受过系统的爆破训练，但他勤奋好学，不断积累经验，革新爆破技术，在战场上采用偷爆、飞爆、空爆、连环爆等多种爆破手段，成功完成了一次次的爆破任务。他参加了四十多次战斗，多次炸毁敌人据点、炮楼，被评为“特种战斗英雄”。

1942 年，在攻打岳家村日伪军据点时，马立训与战友总结经验，分析地形，用军毯包紧炸药，绑在木棍上伸到碉堡下，然后用手榴弹引爆。马立训用这种方法多次将炸药送到碉堡口，炸掉了敌人的火力点，为部队扫清前进障碍，使得部队全歼敌军。在山东泗水，他又连续炸掉日伪军的四座碉堡，严重削弱了敌军火力。1943 年，他执行偷袭爆破任务，在接近敌人炮楼时不慎被发现，机智的他隐藏在沟渠内，故意用军帽暴露位置，吸引敌人的火力，自己则迂回到敌人近处，一举炸毁了敌人炮楼。他手提着炸药包冲在阵前，成为部队的开路先锋。

1944 年，在攻打山东平邑庞庄日军据点时，马立训迅速完成第一道障碍的爆破任务。然后他凭借战斗经验，利用有利地形，主动炸开据点门楼，使得部队得以迅速通过。1945 年，在沙沟崖战斗中，因为敌人的炮楼建在斜坡上，难以实施爆破。马立训利用空爆的方法，将木棍捆扎成三脚架支撑着炸药，然后将炸药送到炮楼的半腰处，冒着枪林弹雨苦苦撑住木架，直到爆炸的瞬间才转身隐蔽，从而一举炸毁炮楼。1945 年 8 月，在攻打闫村的战斗中，马立训和他的突击班冲锋在前，连续炸掉了闫村外围两道壕沟的地堡。当时正值夏季的雷雨天，这给军队的突击带来很大阻碍，战斗一直持续了几天，仍未攻克敌人的炮楼。晚上，马立训带领战友将炮楼炸开了一个缺口，随即率领战士向缺口冲去，不幸被敌人的子弹射中。倒在血泊中的马立训断断续续地说道："碉堡炸开的缺口太小……不能冲锋！"话音刚落，年仅25岁的爆破英雄牺牲在战场上。马立训的牺牲让大家无比悲愤，他们怀着满腔怒火向敌人发起总攻，一举全歼敌军。

51 吴洪英：山东革命老区的刘胡兰

日本侵略者在中国烧杀抢掠、无恶不作，丧尽天良、泯灭人性。我们中华民族的优秀儿女，用自己的坚强意志进行了誓死抵抗。

吴洪英，1911 年出生在山东惠民王家湾一户勤劳朴实的农民家庭。她从小勤劳能干，家务活和地里的农活，她都干得井井有条。她虽然不识字，却是一个识大体、懂道理的贤惠能干的好姑娘。18 岁时，她嫁给了牛茁村的小伙子牛连奎。

1937 年 11 月，日本侵略者占领了惠民县城，烧杀抢掠，无恶不作。为抗日救国，牛连奎加入了中共地下党组织。在牛茁村的秘密联络站，他主要负责传递情报。为了保守机密，牛连奎瞒着全家，但是他的神秘行动，还是没有瞒过细心的吴洪英。在丈夫牛连奎的解释和引导下，吴洪英明白了抗日救国的道理，她开始努力帮助丈夫完成任务，由一个普通的农村劳动妇女逐步成长为一名积极的抗日爱国分子。

1945 年，日本侵略者投降以后，在共产党领导下，牛茁村也建立了人民民主政权，吴洪英也光荣地加入了中国共产党。她参加了妇救会，带领群众斗地主恶霸，在群众中有很高的影响力和号召力。

1946 年，国民党反动派发动内战以后，一些逃亡在外的国民党兵痞和地主恶霸又看到了反攻倒算的机会。他们组织了还乡团，跟随国民党军队一起向解放区进攻，到处杀害革命党人，无恶不作。8 月份时，以特务牛子明为匪首的还乡团一百三十多人，在牛茁村伪保长牛士林的带领下，叫嚣着“打进牛茁村，活刮牛连奎”的口号包围了整个村庄。此时牛连奎刚刚买粮回村，正准备到菜园子里去摘菜，想出村躲避已来不及了，他急中生智，赶紧找了附近一个秫秸垛藏了进去。

说时迟那时快，几个还乡团匪徒转眼就闯进牛连奎家的大门。为了转移这帮匪徒们的注意力，吴洪英故意上牛棚里去添草。匪徒们在牛连奎家翻箱倒柜，连打带砸地找了个遍，也没发现牛连奎。他们就把吴洪英抓起来，押到了大街上。伪保长悄悄告诉匪首牛子明这是牛连奎的老婆。牛子明心中大喜，立刻命令手下的匪徒把吴洪英捆起来吊在了一棵大树上。

牛子明逼问吴洪英，牛连奎藏在哪里？村子里谁是共产党员？农救会干部是哪几个人？还有农救会的积极分子都有谁？不说就使劲打她。吴洪英很快就被打得遍体鳞伤，但她自始至终牙关紧咬，一声不吭。敌人见她这么坚强，看来是死也不想开口的样子，为了威吓革命群众，敌人抬来铡刀，当着村里人的面，将吴洪英活活铡成了三段，并把尸体踢到了池塘里。

坚强不屈的吴洪英英勇就义，她被人们称为“刘胡兰式的英雄”。中国革命的胜利，就是无数像吴洪英这样的基层党员不怕牺牲、艰苦奋斗、勇于革命换来的。

52 张漫萍：两次入狱，斗志顽强

他两次被捕入狱，均遭受了严刑拷打，但他意志顽强，始终没有屈服。

他加入共产党时，是在极其特殊的场所——敌人的监狱里。

他就是张漫萍烈士。

张漫萍是河南荥阳人，生于1910年。16岁时，他到河南省立第四师范学校读书，在校期间加入了中国共产主义青年团。毕业以后，到北平从事抗日救亡运动。

1932年，因为叛徒告密，他第一次被捕，被关在北平草岚子监狱。敌人残酷地折磨他，意图消磨他的意志，让他“悔过自新”，他说：“我爱国抗日，无罪可悔。”敌人给他带上沉重的脚镣，然后投入水牢，把他折磨得患了严重的关节炎，走路困难，需要人搀扶才行。敌人又以枪毙威胁他投降，他毫不动摇。经过狱中斗争的严峻考验，1932年冬，张漫萍被狱中党支部批准转为中国共产党党员，并成为狱中党支部成员。此后，他在狱中和薄一波等一起领导同志们和敌人展开持久坚决的斗争。狱中艰苦斗争四年，直到1936年，才经组织营救，与薄一波等六十一人一起出狱。

出狱以后，1936年10月，北方局党组织派张漫萍等五人到河南工作，任务是恢复、建立河南党组织。张漫萍回到河南以后，先后在开封、荥阳、西华等地恢复和发展党组织。他积极宣传党的抗日主张，广泛发动各阶层群众组成抗日统一战线，尤其是成功地做通了西华县长楚博的统一战线工作，使西华的三千武装取得合法地位，创建了共产党领导下的西华人民抗日自卫军，开辟了西华抗日根据地，为彭雪枫率部挺进敌后提供了人力物力支持。

1938年底，张漫萍转赴豫皖苏边区，到新四军第四师彭雪枫部队工作。他认真研究抗日游击战术，学习带兵打仗的本领，在战斗中成长很快，先后担任了作战参谋、宣传部部长等职务，为豫皖苏边区的抗日游击战争做出了重要贡献。

1945年抗战胜利后，他继续担任中共蚌埠工委书记，带病转战于安徽淮北、江苏洪泽湖一带，领导党的地下斗争。1946年6月蒋介石发动内战后，国民党军队大举进攻淮北根据地，根据地大部分人员转入洪泽湖地区坚持斗争。但张漫萍要求留在敌占区，多次在敌人严密控制下的蚌埠召开党的秘密会议，指导开展斗争。

1947年7月，张漫萍在安徽固镇五河集被捕。这是他第二次被捕入狱。敌人把他吊在房梁上，又一次对他严刑拷打，但他意志更加顽强，大义凛然，誓不屈服。他义正词严地宣告：

“共产党员是杀不完的，共产主义革命一定会取得胜利！”凶残的敌人将他勒死，装进麻袋，扔进了浍河。

张漫萍烈士短暂而光辉的一生，始终服从党组织的安排，对每一项工作都兢兢业业，恪尽职守，始终如一地坚守自己的革命信仰，两次被捕均以顽强的革命意志经受住了血雨腥风的考验。

53 谢士炎：多少头颅多少血，续成民主自由诗

谢士炎

中国共产党情报史上著名的“北平共谍案”事件中，最重要的一位人物就是谢士炎少将。谢士炎，1912年生于湖南衡山。他于1937年考入国民党陆军大学，1940年任国民党八十六军四十六团团长。1942年浙江衢州之战，他率一个团的兵力，与日寇一个旅团作战。战斗持续了两天两夜，歼敌二千余名，击毙日寇一个旅团长，被誉为“壮年有为，能文善武”的一员战将。

1945年8月，日本战败投降后，谢士炎奉命任武汉前进指挥所办事处主任，负责接收日伪部队，参与芷江受降工作。国民党军统特务趁接收之机在武汉大肆敛财，贪污腐化。谢士炎

秉公执法，廉洁奉公，严加抵制，反被特务诬陷，被蒋介石撤职查办，关进军事监狱三个月。这次事件，给谢士炎的思想震动很大，他陷入深深的苦闷和彷徨中，政治如此腐败，国家的出路在哪里呢？

出狱以后，谢士炎奔赴北平投奔老上级孙连仲。孙连仲时任第十一战区司令长官兼河北省政府主席，负责平津、河北等地的接收工作。谢士炎虽然有孙连仲的信任，先后任军务处处长、保定绥靖公署作战处少将处长，但是，眼见各地的国民党都在拉帮结派、钩心斗角、党同伐异、贪污腐化，他深感厌恶和绝望。此时，蒋介石准备发动内战，而全国各地的民主运动高涨。谢士炎在好友陈融生的帮助下，读了毛主席的《新民主主义论》《论持久战》等著作，他从中看到了国家和民族的希望，从此决心站在人民革命这边。

1946 年 9 月，谢士炎将张家口作战计划秘密转交给北平军调处执行部中共代表叶剑英，为共产党戳穿国民党当局真备战、假谈判的阴谋提供了有力证据。自此，谢士炎被我地下党吸收为秘密情报员。他把胡宗南率部将奇袭延安、国民党特务在解放区设立的秘密电台、美国为国民党训练特种部队的计划、蒋介石在涿州军事会议上对全国的军事部署情况等一批重要情报及时传递给了党中央，为解放战争的胜利做出了重要贡献。经过一系列重大考验，1947 年 2 月，谢士炎秘密加入中国共产党。

1947 年 9 月，由于叛徒出卖，谢士炎等五人被捕。上层军事机关的将校级军官，竟然是中共地下党员，怪不得国民党在战场上连连失利。这一事件，使蒋介石异常震怒，要求严惩。在狱中，谢士炎被严刑拷打，历经种种折磨，刑讯逼供达半年多，但他始终没有认罪投降。他说，国民党是没有希望的党，我欣赏共产党的活力、热情和建设新中国的理想，所以我选择我欣赏的党。他的义正词严，不由得镇住了他曾经的幕僚。无论多么艰难，谢士炎在狱中都保持着凛然正气，他的威严，连特务看守都怕。他领导同志们，在狱中和敌人展开了一次次斗争，争取自己的权益。

1948 年 11 月东北解放，蒋介石恼羞成怒，将失败再次归咎于谢士炎泄露军机一事上，亲自下达了“处决令”。11 月 19 日，谢士炎被押往刑场。临行前，他穿戴整齐，从容不迫。刽子手命令他跪下，他坚决不跪。最后，他喊着“新中国万岁”的口号，慷慨就义。在他的口袋里，有一首血迹斑斑的诗，是他临行前所作：“人生自古谁无死，况复男儿失意时。多少头颅多少血，续成民主自由诗。”

54 高波：本为民除害，哪怕狼与狗！

高波，陕西米脂人，1913 年出生。父亲是个裁缝，家里很穷，父母节衣缩食勉强供他到中学毕业。1930 年，高波投奔西安爱国民主人士杜斌丞，担任勤务员、副官。1934 年考入西安绥靖公署步兵训练班，毕业后参加杨虎城第十七路军。1936 年 12 月西安事变后奔赴延安，被分配到中国人民抗日军政大学学习，同年加入中国共产党。

高波多才多艺，能文能武，能编能演。1938 年从抗日军政大学毕业以后，他被分配到烽火剧团工作，不久担任团长。在短短的三四年时间里，他带领剧团三十多人，冒着枪林弹雨，背着行李，扛着道具，拿着乐器，翻沟过坎，风餐露宿地跑遍了陕甘宁边区，为战士和老百姓送去了喜闻乐见的各种表现抗战的文艺节目，深受人民群众的喜爱。

1942 年，高波被调到陕甘宁晋绥联防军警备第三旅政治部，任民运科科长，参加了延安军民的大生产运动。他勤劳能干，上山砍柴、下地拾粪、开荒种地，样样能行。

1945年，高波被派往陕甘宁晋绥联防军新编第十一旅第一团任政治委员。这个团是由国民党起义部队整编而来的，情况非常复杂，团长是个见风使舵、善于投机的兵痞。高波负责对旧军队的改造工作，任务非常艰巨，危险随处都在，所以他也做好了随机应变的准备。1947年3月，国民党高级将领胡宗南率领重兵大举进攻延安，军阀马鸿逵也乘机从北边进犯三边，思想反动的团长认为时机已到准备谋反，设计绑架了高波送给马鸿逵邀功。

马鸿逵对身为共产党员团政委的高波很感兴趣，亲自进行审问、劝降，他拿高官厚禄、荣华富贵、亲人团聚诱惑高波，但都被高波严词拒绝。他说共产党人革命不是为了升官发财，而是真正想让老百姓过上幸福日子。马鸿逵一无所获，悻悻而退，不禁感叹：共产党的一个小小团政委，竟然这么有胆量，有学问，有口才，自己手下的人和他没法比。

1947年5月，高波被押往兰州西北行辕俘虏收容所。那里的环境更加恶劣，但高波的意志依然非常坚定。敌人又派了六七个人一起来劝降，结果被高波反驳得哑口无言，无功而返。高波和狱中的同志们秘密建立了党支部，领导大家继续和敌人做斗争。通过绝食等手段，他们争取生存，争取人权，等着解放。由于团结紧密，大家一次次识破了敌人的阴谋诡计。高波在兰州监狱被关了一年多，受尽敌人的各种折磨，经常被打得遍体鳞伤、血肉模糊，但他凭借着顽强的意志，一次次坚持了下来。兰州的敌人耍尽淫威，终无所获。1948年5月，敌人又将高波当作顽固分子转押到江苏镇江金山寺国民党国防部训导所一中队。临行前，高波写了一首诗，和同志们共勉：“本为民除害，哪怕狼与狗！身既陷囹圄，当歌汉苏武。”

在训导所，国民党强迫高波穿国民党的军装，高波坚决不穿；让他写“悔过书”，他一个字也不肯写；给他看蒋介石写的书，他把书撕了当手纸；对他训诫，被他反驳得理屈词穷。国民党反动派只好关他禁闭。他又秘密组织大家越狱逃跑，而被当作越狱暴动分子转押到南京国民党保密局看守所。

解放战争胜利在望，垂死挣扎的国民党反动派对革命志士的屠杀变本加厉。1948 年 10 月，他们把高波杀害在南京雨花台。壮烈牺牲时，他才 35 岁。

革命先烈们的精神一定会代代相传，薪火不断。

55 刘惜芬：面对酷刑，矢志不渝

她的妈妈是个陪嫁丫头，后来当了人家的小妾，日子过得屈辱，在她很小的时候就服毒自杀了。姨妈把她养大，生活的磨难使她从小坚强而富有爱心。她，就是刘惜芬，1924 年出生于厦门。刘惜芬 16 岁时，去了当时被称为“慈善机关”的博爱医院，学习护理。1945 年，厦门解放，刘惜芬回到家里开了一家小诊所。她是一个富有爱心的好护士，小孩半夜发烧的，她随叫随到；老人腿脚不便的，她上门服务；没钱买药的，她干脆不要钱了。

这一时期，她接触到了共产党的地下组织，逐步了解了革命理论，思想越来越进步，主动提出入党的要求。在多次完成党组织交给的任务，经历过考验以后，1949 年 5 月，她光荣地加入了中国共产党。

善于联系群众的刘惜芬，发展了很多进步青年。在她的引导下，他们逐步走上了革命道路，很多年轻人参加了当地的游击队，后来成长为革命的骨干力量。她还积极动员家中的亲人、自己的朋友，为游击队捐款捐物，捐献急需的药品和医疗器械等。

1949 年 8 月，厦门解放前夕，白色恐怖空前严重，国民党杀人魔王、反共老手毛森就任警备司令，颁布一系列法令，接连进行了五次全城大搜捕，对厦门实行血腥统治。刘惜芬和同志们冒着砍头的危险，到全市各个地方秘密散发《中国人民解放军基本政策》和《告厦门人民书》等传单。

刘惜芬此时还有一项艰巨的任务，就是利用到国民党那里跳舞的机会，秘密接触弃暗投明的国民党要员，将其提供的情报记在心里，回来再传递给同志。利用她这条秘密联络线，党获得了大量有价值的情报，尤其是进入毛森“黑名单”的同志，得以逃离魔爪。

刘惜芬的秘密活动，引起了国民党反动派的注意。1949 年 9 月 19 日，刘惜芬不幸被捕，被囚禁在厦门警备司令部看守所。敌人把她们九个人关在一间只有一平方米大小的阴暗的女牢里。敌人想从她这里找到突破口，获得地下党活动的秘密，进而摧毁整个厦门的地下党组织。敌人先是“好言相劝”，说以她年轻貌美的条件，找个有钱人过日子多好，何必干这掉脑袋的傻事。刘惜芬不为所动。敌人又用烟头烫她的脸、胳膊、腿，用烧红的烙铁烫她的前胸，用浸过生油的绳鞭抽打她的身体。刘惜芬被折磨得遍体鳞伤、体无完肤，但她始终坚守秘密，只字不吐。

10 月 15 日，中国人民解放军开始解放厦门。刘惜芬和战友们已经听到了解放厦门的炮声。她高兴得忘记了身上的伤痛，兴奋地说："天快亮了！"可是凶残的敌人垂死挣扎，自己临近灭亡也不让他人有生的机会。在他们败退厦门前夜，进行了最后一场疯狂大屠杀。刘惜芬等十七人，被绞死在鸿山脚下，埋在一个大土坑里。刘惜芬，把如花似锦的青春，献给了解放事业，时年 24 岁。

56 许晓轩：任何刑具对他都是没有用的

大家在读小说《红岩》时，一定记得许云峰和齐晓轩两个人，他们在狱中领导同志们和敌人进行了长期的艰苦卓绝的斗争。他们两个人物的原型之一，就是许晓轩烈士。他入狱九年多，受尽折磨，顽强斗争，在光明即将来临时，却被敌人残忍地杀害了。

许晓轩，1916 年出生在江苏江都。早年丧父，因生活所迫，中途辍学去当学徒。做学徒之余，他参加了共产党员陈世德举办的世界语学习班。在这里，他了解了苏联十月革命，对社会的认识加深了。后陈世德被捕，学习班解散。1935 年，许晓轩随家人迁居无锡，在铁厂里当会计。在无锡，他参加了进步青年组织的青年读书会、无锡学社等，积极宣传抗日救亡主张。后无锡沦陷，他随工厂迁到汉口、重庆。在重庆，他积极参加救国会的活动。1938 年 5 月，他光荣地加入了中国共产党。

入党以后，为了革命需要，许晓轩日夜奔波劳碌，顾不上家庭和孩子，儿子重病他都没来得及照看，后来孩子不幸去世，成为全家人的痛。1939 年春，许晓轩担任中共川东特委青委宣传部部长。一年后，中共重庆市委建立，他调任中共重庆新市区区委委员。当时整个重庆被白色恐怖笼罩着，许晓轩不顾生命危险，深入工厂去领导、发动群众开展地下斗争，使许多基层党组织恢复了活动。由于叛徒告密，1940 年 4 月，许晓轩被捕了。

被捕以后，亲人想方设法四处营救。许晓轩知道后，给家人写了一张“宁关不屈”的纸条，表达了他坚贞不屈的革命意志。

狱中九年，他利用自己的智慧，团结同志们，和敌人斗智斗勇。他联合同志们，粉碎了敌人“一人逃跑，同时连坐”的阴谋；他利用一切时间，坚持带头自学英语、俄语，准备将来出狱以后为共产主义事业做贡献，同时还方便了同志们之间的联系。1946 年 7 月，许晓轩等七十二人被转押进重庆白公馆看守所。他在狱中秘密成立了党支部，领导陈然等同志在烟纸上办《挺进报》，将解放战争的消息，秘密传递给同志们，鼓舞大家坚持斗争。为了防止敌人发现线索，他建议报纸不写日期，不写刊头，字体全用仿宋字。他还号召同志们都练习仿宋字，以防不测。当敌人发现《挺进报》开始追查时，他挺身而出，救下了同志，自己却被戴上沉重的镣铐，关进了地牢，一天仅有一碗盐水喝。出了地牢，他又戴着镣铐在烈日下劳动。无论怎样饱受摧残，许晓轩都始终坚强地领导同志们和敌人斗争。凶残的敌人也不得不服：任何刑具对许晓轩都是没有用的。

为了争取生的机会，许晓轩组织同志们秘密越狱。在他们的精心谋划下，韩子栋利用和看守上街买菜的机会，成功逃离。敌人还一次次用各种好处利诱许晓轩投降，这次请他去当会计，待遇从优，下次要介绍他去当老师，都被许晓轩严词拒绝。

1949 年 10 月 1 日，中华人民共和国成立了。国民党节节败退，垂死挣扎，对革命者进行了疯狂的屠杀。11 月 27 日，许晓轩等三百多名革命者惨遭杀害。三天之后，重庆解放了。

许晓轩等革命英雄的事迹，激励了一代又一代的人牢记烈士的嘱托，为党的事业不懈奋斗。

57 江姐：共产党员的意志是钢铁

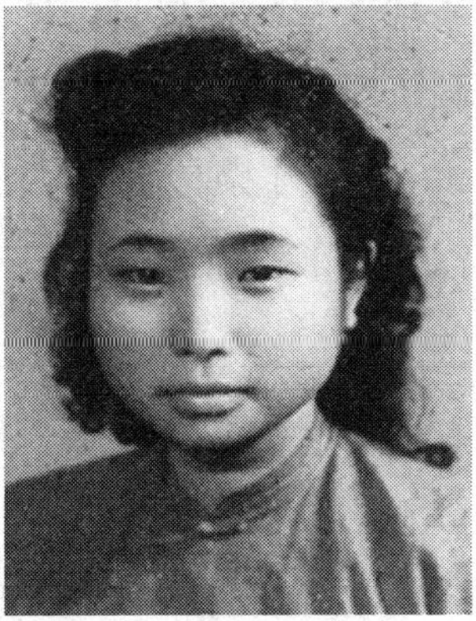
江竹筠

大家看过小说《红岩》吧？里边江姐的故事是不是给你留下了深刻的印象？江姐，不是小说里虚构的人物，她是一位真实的革命者。

江姐，原名江竹筠，1920 年 8 月 20 日，出生在四川自贡大山铺江家湾一户农民家里。8 岁时，她跟随母亲到重庆逃荒。10 岁时，到袜厂当了童工。后来，考入重庆的南岸中学和中国公学附中。

1939 年，江竹筠加入了中国共产党。1947 年春，她协助丈夫彭咏梧一起奔赴下川东地区组织武装起义。彭咏梧在暴动时不幸牺牲，头颅被敌人割下来，先是被挑着在镇里游街示众，然后被挂在了小学操场边上的槐树上示众。江竹筠听到噩耗后，强忍泪水，镇定自若地安排善后工作，以保证同志们的安全，并毅然决定接替丈夫的工作，继续回到熟悉的下川东地区开展工作。

临行前，她处理了全部家当，并把儿子托付给了亲人，做好了随时牺牲的准备，而那时她的儿子还不到两岁。丧夫别子之痛，化作了满腔的革命热情。但不幸的是，由于叛徒出卖，1948 年 6 月 14 日，江竹筠被捕了。

她被关进了重庆西北歌乐山国民党军统的监狱——渣滓洞。由于她曾经负责过党的联络工作，所以敌人想从她嘴里得到更多地下党员的信息，但是，江竹筠一直守口如瓶。恼羞成怒的敌人对她施以种种酷刑，戴重镣铐、坐老虎凳、夹手指、在炭火上烤，把她折磨得昏死过多次。敌人看她身高仅有 1.45 米，以为瘦小的她容易屈服，却没有想到她如此坚强。

她被折磨得手残了，腿瘸了，连床铺都爬不上去，同志们看了直掉泪，但她说："毒刑、拷打，都是太小的考验！"她坚贞不屈的抗争精神，极大地鼓舞了监狱中同志们的斗志，赢得了大家对她的尊重和爱戴，大家都亲切地喊她"江姐"。

1949 年春节过后，她号召监狱里的同志们"加强学习，迎接胜利"。没有报刊，她和同志们就根据记忆，讨论后再写出来；没有纸笔，就把烂棉絮烧成灰加水兑成"墨水"，把竹签子削尖当"蘸水钢笔"，把手纸、破衬衣、破床单当"纸"。当她的丈夫牺牲一周年纪念日时，同志们纷纷向她表达慰问。她没有沉湎在自己的悲痛里，而是借机起草了一份大纲，让同志们把被捕前的情况、被捕后的案情以及狱中的学习情况写下来。这些信息后来成为共产党“重庆党组织破坏经过和狱中情形”的重要资料。

江姐还利用自贡老乡的关系，成功策反了国民党的看守黄茂才，为身陷囹圄的同志们建立了同外界联系的秘密交通线。

重庆解放前夕，国民党反动派进行了最后的疯狂屠杀。1949年11月14日，江姐等二十九名同志，被枪杀于“电台岚垭”。11月30日，重庆解放。12月9日，烈士遗骨入殓，悲哉！挖出的29具遗体，全部腐烂了……

虽然江姐牺牲了，但是她的名言激励了无数人的心：“严刑拷打算不了什么，竹签子是竹子做的，而共产党员的意志是钢铁。”

58 陈昌：潜伏敌营十八载的无名英雄

在抗日战争和解放战争中，涌现出一大批令后人敬仰的革命战士，他们在战场上浴血奋战、奋勇杀敌，是当之无愧的大英雄，他们的名字也深深地铭刻在中国人民的心中。还有一群人，他们长期战斗在没有硝烟的战场上，孤军作战，与敌人斗智斗勇，他们有坚强的意志和坚定的信念，还有着不畏牺牲的精神，他们就是深入敌营的情报工作者、默默无闻的无名英雄。陈昌就是一位潜伏敌营十八年的无名英雄。

陈昌，1907 年出生于四川仪陇一个破落世家，父亲去世后被迫落草为寇，但也练就了出色的武艺和枪法。后来他参加了两次北伐战争，在军队中接受了马列主义教育，走上了中国革命的道路。1927 年，陈昌参加了南昌起义，主要负责保护指挥部的安全，为人民军队的创建做出了积极贡献。起义失败后，中国革命步入低潮，但就是在这严峻的斗争环境下，陈昌毅然加入了中国共产党，从此为党的事业奋斗终身。1931 年，上海中央特科的负责人叛党投敌，使上海党中央和中央特科损失惨重。陈昌临危受命参加了中央特科的重建工作，在党旗下郑重宣誓做一名无名英雄，开始了长达十八年的隐姓埋名、艰苦卓绝的情报工作，直到全国革命胜利。

陈昌先后在李克农、董必武等中央首长的单线领导下，辗转全国十多个省份，以国民党军官、副官、教师、记者等各种各样的身份做潜伏工作，光化名就有二十多个。十八年里，他成功潜伏在敌营，获取了大量军政情报，为党做出了很大贡献。敌后的环境残酷而复杂，面临危险的同时还要面对纸醉金迷的腐败诱惑，陈昌始终坚守内心的信仰，不忘初心。他牢记领导对他的嘱托，管好自己，拒绝腐化，把敌人发的工资，20%留下自用，80%上缴党组织。陈昌一直保留着艰苦朴素的生活习惯，在敌后工作时，从不向党组织要经费，而是自己筹钱交给党组织，竭尽所能地为党和军队购买枪支弹药。

在潜伏工作中，陈昌曾四次被捕。面对敌人的严刑拷打，他始终守口如瓶，没有透露关于党组织的任何信息。他在四川垫江县被捕后，遭受了踩杠子、电刑、老虎凳等酷刑。不管敌人怎么折磨，他始终不承认自己的真实身份。在监狱里，他利用一切机会向同志们进行革命宣讲，鼓舞狱友们坚持与敌人抗争的斗志，表现了共产党人坚毅的品质和视死如归的革命精神。

对于情报工作者来说，上线是自己与组织之间唯一的联系，也是自己坚实的后盾。一旦断了线，就等同于失去了组织关系，这对共产党员来说无疑是最痛苦的。由于情报战场瞬息万变，有很长一段时间，陈昌失去了与组织的联系，孤军奋战在敌人内部。经过千辛万苦与组织取得联系后，他强烈要求领导对他进行审查和教育，恢复党组织关系，然后到最前线进行抗日活动，但领导认为隐蔽战线更需要陈昌这样经验丰富、内心坚定的老战士。就这样，陈昌再一次义无反顾地接受党的安排，继续坚守在他那没有硝烟的战场上。

陈昌奋斗在隐蔽战线上十八年，是无数为党和人民无私奉献的无名英雄中的一员。这些红色特工有着坚定的信仰，不计较个人得失和荣誉地位，创建了情报战线上的不朽功勋。

59 李时雨：在敌营搏斗十五年的孤胆英雄

李时雨

“敌营搏斗十五年，刀光剑影无形战。革命胜利归来日，换上军装笑开颜。”这是一位刚从潜伏的虎穴中归来的革命者抑制不住自己内心的喜悦作的一首诗，他就是李时雨，一位坚贞不屈、机智勇敢的中国共产党情报人员。

李时雨来自黑龙江巴彦，在中学时参加反帝爱国运动，受到了深刻的爱国教育，后来又接触了高尔基和列宁的进步书籍，受到无产阶级革命启蒙教育。考入北京政法大学（后改为国立北平大学法学院）后，他继续学习党的理论知识，积极参加中国共产党领导的各种活动，并于1931年正式加入了中国共产党。大学毕业后，他受组织指派，打入东北军，开始了他十五年潜伏敌营的危险斗争生涯。

在从事地下情报工作期间，李时雨与多方政权斗智斗勇，圆满地完成了党组织交给他的各项任务。他曾深入到张学良西北剿总司令部的要害部门，进入过汪精卫伪政权的核心，还在上海军统机构中任要职。优渥的生活、风光的地位没有侵蚀他的内心，他怀着对祖国的热爱，对党和人民的无限忠诚，在这个没有硝烟的战场上，冒着九死一生的危险为党收集敌人的核心情报。周旋于恶魔之中，他的处境十分艰难。他知道自己一旦暴露，将面临比死还要痛苦的境地，但他还是不畏艰险，机智勇敢地潜伏在敌人的心脏与之周旋，多次为共产党传递重要情报，解救被困同志，为党的胜利做出了特殊贡献。

日本投降后不久，在组织上考虑是让李时雨撤回解放区还是继续执行潜伏任务时，他偶然得到一个进入军统继续潜伏的机会。在请示组织后，他毅然决然地选择进入军统继续开展情报工作。他孤军奋战在虎穴中，利用工作之便，获取大量军事和政治机密，多次掩护上海地下党组织。

1946 年，军统军法处处长排查到李时雨时，发现其妻子和弟弟曾经在抗日期间有参加共产党的嫌疑，随即将其逮捕，关押于军统看守所。在这里，李时雨遭到了军统特务长达两天两夜的严刑拷打，面对压杠子、灌凉水等常人难以忍受的酷刑，早有心理准备的李时雨咬紧牙关，坚决不暴露自己的共产党员身份，义正词严道："八年来你们躲到重庆，不打日本侵略者，今天来迫害我这同敌人艰苦斗争的地下工作人员，真是丧尽天良。"特务见逼供不行，就想采取诱骗的方式，找人假装共产党接近李时雨，套他的话。但这早就被他察觉，他利用自己多年在虎穴潜伏的经验与敌人周旋，时不时给对方来一次抗日爱国的思想教育。就这样折腾了三个多月，特务拿他一点办法都没有，只好将他关在监狱，以汉奸罪名判处七年六个月的有期徒刑。在被囚禁期间，李时雨一直抱着共产党必胜的信念，在监狱等待回到组织身边的那天。1949 年 2 月，李时雨走出了监狱，在完成最后一次情报交接后，终于穿上了中国人民解放军的军装。

在这漫长而艰辛的革命斗争中，有的同志冲锋在前线，用血肉之躯抵御强敌，还有一部分同志则隐藏在暗处，收集重要情报，为我军减少伤亡。正是无数像李时雨这样的优秀情报人员的出生入死、奋不顾身，才换来了革命的早日胜利。他们的名字可能无人知晓，他们的功绩却永世长存。

60 关露：忍辱负重的红色才女特工

关露

“春天里来百花香，朗里格朗里格朗里格朗，和暖的太阳在天空照，照到了我的破衣裳，朗里格朗朗里格朗……”电影《十字街头》的插曲《春天里》曾风靡大上海，大街小巷人人传唱。这首歌的词作者是中国左翼作家联盟的著名女作家关露，她还有另外一个身份——中国共产党的红色女特工。

关露1907年出生在山西右玉，从小喜欢读书，在母亲教诲下学写旧体诗，爱上文学。1927年至1928年，先后在上海法科大学法律系和南京中央大学文学系、哲学系学习。九一八事变后，参加上海妇女抗日反帝大同盟，办夜校，组织姊妹团、读书班和诗歌小组活动。1932年加入中国共产党和左翼作家联盟，负责《新诗歌》的编辑工作。1936年发表成名作诗集《太平洋上的歌声》，描写受压迫的女工和抗日救亡运动，成为著名作家，与潘柳黛、张爱玲、苏青一起被称为“民国四大才女”。

1937年上海沦陷，她参与组织上海诗歌座谈会，出版《诗人丛刊》和《行列》诗刊，以炽热的爱国热情写了不少诗篇，展现了中国人民争取民族解放的坚强意志。廖承志和潘汉年在香港向她布置任务，要她打入上海汪伪特务机关，策反特工头子李士群。被别人误会为“文化汉奸”时，她牢记潘汉年的嘱咐“不辩护”。面对日寇的侵略，她大声疾呼：“宁为祖国战斗死，不做民族未亡人！”

1942年夏，关露到日本人创办的《女声》杂志做编辑，在杂志社内日本左翼人士的帮助下，恢复与日本共产党的联系，成为著名的“红色间谍”。她收集日伪的机密情报，积极组织策反，功勋卓著。

抗战胜利后，关露被国民党列入汉奸名单。她特别渴望新生和战友的理解。然而，一连串的误解和羞辱，使她的精神大受打击。

关露失去的不仅是荣誉，还有爱情和终身幸福。她和中国共产党的高官王炳南相识于抗战前夕，1946年两人再度相逢，感情发展迅速，很快就到了谈婚论嫁的程度。但她的“汉奸”特殊经历，导致美好的姻缘无疾而终。新中国成立后，她又因汉奸罪名两度入狱十年，出狱时仍然顶着“定为汉奸，不戴帽子”的污名，直到1982年3月23日才最终获得平反。

关露终身未嫁，她把很多秘密藏在心里，独自忍受痛苦和孤独，以常人难以想象的意志和毅力忍辱负重，把毕生奉献给了党的隐蔽战线，奉献给了国家和人民。正如她的诗句："云沉日落雁声哀，疑有惊风暴雨来。换得江山春色好，丹心不怯断头台。"她始终对党忠贞不贰，一生无怨无悔，不愧是一个真正的共产党员。

61 李贞：从童养媳到开国女将军

1955 年 9 月 27 日，李贞被毛泽东亲自授予少将军衔，是开国将帅中唯一的女将军。她战功赫赫，曾荣获朝鲜二级自由独立勋章、二级八一勋章、一级解放勋章和一级红星功勋荣誉章。

1908 年，李贞出生在湖南浏阳的一个贫苦农民家庭。父亲去世后，6 岁的李贞被送到古家做童养媳。报名参加妇女解放协会的时候，她把叫了 18 年的名字“旦娃子”改成“李贞”。她不顾婆家的反对，组织工会、农会、妇女协会和儿童团，被选为乡妇女协会委员长，参加了中国共产党。

四一二政变之后，她被迫逃进山里躲避追杀，又用母亲卖粮换的钱雇了一条小船离开老家，进入县城当女工，与婆家断绝了关系。和党组织取得联系以后，她又回到乡下联络党员建立党支部。在一次流动游击战中，李贞和战友在夜里被敌人包围，不得不跳窗逃跑。在一个穷苦老汉的帮助下，装扮成走亲戚的女人，才逃过敌人的搜捕。

在长征途中，李贞担任红二方面军组织部副部长。她坚持到每个单位去询问党团工作和伤员情况，统计伤亡数字，走了一天的山路，脚步沉重，心情更是沉重。过雪山的时候，她看到一个小战士身体虚弱，加上高山缺氧，身子摇摇晃晃，眼看着就走不动了，就把自己的马让给小战士骑。廖汉生送给李贞一个御寒的皮筒子，李贞把它剪成两半，一半和自己的丈夫甘泗淇共用，另一半送给体弱的战士。

女战士小马的粮食掉到河沟里去了，李贞不忍心看着她永远倒在草地上，但是自己的粮袋里一粒粮食也没有。她将手伸向自己的挎包时，无意间触到了腰间的那根皮带，心里一动："这皮带是牛皮的，能不能吃呢？"她让战士烧了一茶缸水，解下自己腰间的皮带，用小刀割成一块一块的，放进盛水的茶缸子里。煮了一个小时以后，皮带变软了。拿起来放进嘴里嚼了一下，觉得可以吃，就送到那个饿晕了的小战士面前。任弼时和贺龙也凑过来，各拿了一块放进自己的嘴里，说："这牛肉不错，很有味道哩。"

快走出草地的时候，李贞得了伤寒，发烧超过了39摄氏度。由于缺医少药，又没有吃的，整天昏迷不醒。王震把自己的粮食送给了她。她被人用担架轮流抬着，终于走出了草地。吃了几服草药以后，她再也不肯用担架了，战士只好将她绑在马背上过了渭河。

抗日战争期间，李贞先在冀中参战，后来从前线调到延安，在抗日军政大学学习，创办八路军妇女干部学校，并担任校长。秃秃的山坡上，几孔旧窑洞，没有窗户，土炕潮湿。这让她想到了当初的流动游击队，杂乱不堪。她带领女学员们挥起铁锹，挖掘窑洞，挑水和泥，扒掉旧炕，盘起新炕，装好窗户，糊上窗户纸，好像总是有使不完的力气。

解放战争时期和新中国成立后，李贞先后担任晋绥军区政治部秘书长、西北军区政治部秘书长和入朝中国志愿军政治部秘书长。

6 岁就当童养媳的李贞，最后成为人民军队的第一位女将军。如果不跟随共产党参加革命，没有韧劲和毅力，也许她就是从童养媳到妻子到母亲默默过完平淡的一生，还是村里人认识的那个旦娃子，哪里会有叱咤风云的“开国女将军李贞”这个名号呢？她和上将丈夫甘泗淇没有自己的孩子，却先后抚养过二十多位烈士的遗孤和战友的孩子，把他们培养成为对人民有用的人。

62 李桂芳：沂蒙红嫂肩上的“火线桥”

孟良崮战役是解放战争时期一次具有重大意义的战役，它的胜利打乱了国民党对山东地区的战略部署，奠定了共产党解放战争胜利的基础。孟良崮战役的胜利离不开一群伟大的沂蒙女性，是她们在危急时刻用双肩搭起了一座火线桥，让部队按时到达战场。组织搭起这座“人桥”的就是沂蒙红嫂李桂芳。

李桂芳出生于贫苦的农村家庭，11 岁就在地主家做帮工，

沂蒙红嫂纪念馆

受尽了欺凌。1938 年，部队来到沂蒙山区，她知道了为穷人做主的共产党。13 岁的李桂芳进入八路军办的学校学习党的知识，接受了革命理论的启迪，决心要跟着共产党干一辈子。她被选为村妇救会会长，被安排负责前线民服物资的运送，后来她还做过药材所配药员和野战医院护理员等工作。为了完成任务，她带领妇女们做军衣、运粮食、送弹药。当时环境恶劣，药材短缺，她就和同志们一起上山采药、研磨、配置，及时供给野战医院。她执行过一个特殊的任务——看守医院的太平间，她不怕战士遗体的气味和周围恐怖的环境，不顾自己的安危来保护烈士遗体。做护理员的时候，为了躲避敌人和便于工作，三年里她剃成光头打扮成男孩，白天放牧，晚上装成乞丐去给伤员送食物。

1947 年 5 月 12 日傍晚，留守汶河岸边的李桂芳和几名妇女干部接到了上级的紧急任务：五个小时内，必须在汶河上架起一座桥，保证进攻部队快速通过。时间紧急，任务严峻，没有架桥材料，也没有劳动力，只有留在村里的一群妇女。怎么办？李桂芳她们做出了一个决定，没有材料就把自家的门拆了做桥梁，搭不起桥墩就用自己的肩膀抗。天刚黑，三十二名妇女带着七扇门板来到汶河边。在简单动员后，李桂芳率先下河找到自己架桥的位置，然后按照身高把妇女们安排在合适的位置上，为了保险起见，她亲自走了一遍确定无误后才让妇女们上了岸，保存体力等待部队的到达。

晚上 9 点钟，部队先锋到达。见湍急的河面上什么都没有，领导着急地问：“桥呢？”李桂芳说：“在这。”她边说边回头对妇女们喊：“架桥！”妇女们纷纷下水，每四人一组扛起一块门板，瞬间搭成了一座“人桥”。领导震惊了，当即拒绝了这个方法，表示可以蹚水过河。李桂芳说：“同志们，时间就是胜利，时间就是保证，快过河。”兵贵神速，为了快速到达战场，部队的同志只好认可了她们的做法。尽管心中不忍，战士们还是踩着李桂芳她们搭起的“火线桥”迅速过河。夜里的河水冰冷刺骨，河水漫过了妇女们的腰。她们长时间站在水中，肩上的重量越来越沉，但她们一直咬牙坚持着，肩膀压疼了，就用双手托着，腰挺酸了，就弯下腰用背驮着。实在撑不住了，李桂芳就让队伍停下，让妇女们换换肩。最终，队伍只用一个小时就过了湍急的汶河，以饱满的战斗力奔赴战场。这场战役，就是解放战争中著名的“百万军中取上将首级”、歼灭国民党军精锐“五大主力”之一，沉重打击国民党、粉碎国民党军对山东重点进攻的孟良崮战役。

李桂芳是在战争年代倾其所有支援前线的沂蒙儿女中的一员，她带领着沂蒙妇女们用自己瘦弱的身躯搭起的那座火线桥，像是屹立不倒的人民长城，见证了孟良崮战役的胜利，也见证了中国人民的胜利。

63 孙占元：双腿被炸断仍坚守阵地

抗美援朝战争涌现出了很多英雄人物，黄继光舍身堵枪口、邱少云在烈火中壮烈牺牲……正是有千千万万个人民子弟兵的无私奉献，志愿军才在艰苦的条件下打败了装备精良的美帝国主义，取得了保家卫国战争的胜利。而孙占元，就是中国人民志愿军一级英雄。

孙占元，1925 年出生在河南省林县临淇镇三弓水村（现为林州市临淇镇占元村）。小时候家境贫寒，6 岁时母亲病死，10 岁时父亲也染病去世。多亏乡亲们的照顾，他才慢慢长大。1946 年，孙占元参加了中国人民解放军，作战勇敢，屡立战功。1948 年加入了中国共产党。1951 年参加中国人民志愿军赴朝作战，历任班长、排长。

1952 年 10 月 14 日，在上甘岭战役中，敌军约六个营的兵力攻占了志愿军防守的 597.9 和 537.7 高地。孙占元奉命率领突击排对 597.9 高地 2 号阵地实施反击。在我军炮火的掩护下，孙占元带领突击排顺利到达 2 号阵地的坑道内伺机攻击，但敌人有四个火力点疯狂阻击，战士们动弹不得。孙占元命令战士李忠先去炸掉敌人的火力点，全排战士用机枪掩护。李忠先成功炸掉了敌人的第一个火力点，孙占元趁机带领战士们一冲而上，占领了那个火力点。

敌人见丢了一个火力点，开始疯狂轰炸。一颗炮弹在孙占元身边爆炸，他的右腿被炸断，左腿被炸掉了一大块肉，血流不止。战士们劝他撤离阵地，他坚决不肯，说没有完成任务，坚决不能离开阵地。他以坚强的意志忍着剧痛，来回在阵地上爬行，指挥突击排继续战斗。

敌人一次次疯狂反击，孙占元命令易才学去爆破敌军最后一个火力发射点，自己用机枪掩护。他以顽强的意志，强忍钻心的疼痛，拼了命地朝敌人猛烈射击，实施掩护。易才学乘机跳上石崖，快速绕到敌军火力点的侧后方，将手雷猛地投了进去。只听“轰”的一声，爆破成功。易才学又拿起机枪，对着残存的敌军猛扫，直到将这个火力发射点的敌人全部消灭。

孙占元在全力掩护易才学时，弹药很快打尽。他艰难地爬到敌人的死尸堆里，寻找敌人尸体上的手榴弹，解下来以后拼命扔向扑上来的敌群中。当敌人扑到他身边时，他大喊着滚入敌群，拉响了手中最后一颗手雷，与敌人同归于尽。当易才学爆破成功回来找排长时，无论怎么喊他的名字，都听不到回应。借着战场上的火光，他看见排长已经血肉模糊，在排长的周围，横七竖八地躺着七具敌人的尸体，在排长的身子底下，还死死地压着一个敌人！

“为排长报仇！”易才学和战友们一齐高喊着，向2号阵地发起总攻，将残敌全部歼灭，胜利完成了战斗任务。

孙占元坚强的战斗精神激励着所有的志愿军战士。1953年，他被追授为“朝鲜民主主义人民共和国英雄”。为了纪念他，他的家乡三弓水村也改为占元村。

64 高士其：身残志坚的红色科学家

在浩瀚的宇宙中，有一颗小行星的名字叫“高士其星”。之所以这样命名，是为了纪念中国著名的科学家、科普作家、教育家高士其，表彰他在中国科普事业上所做出的贡献。

高士其，原名高仕錤，1905 年出生于福建福州。父亲高赞鼎是一位有民族气节、刚正不阿的爱国诗人，这深深影响了高士其的一生。高士其从小就立下了科学救国的志向，后来他考取了清华留美预备学校（清华大学前身），学习非常刻苦，以全优的成绩从清华毕业。1925 年夏他转入美国威斯康星大学攻读化学。在一次细菌试验中因意外感染病毒，留下严重的后遗症，老师和同学们劝他好好休养，但他坚持带病学习，以惊人的毅力读完了医学博士课程。

1930 年，高士其学成回国，供职于南京中央医院。当他看到医院院长只认钱，根本不为穷人看病的时候，就断然离开了，并改名为“高士其”。他说“去掉人旁不做官，去掉金旁不要钱”，表达了与旧势力、旧观念彻底决裂的决心。于是他蜗居于上海的亭子间，过着清贫的生活。这时，挚友李公朴带他认识了许多进步人士，在他们的影响下，高士其萌生了投奔延安参加革命的想法，他表示：“我一定要到延安去，我一定能到延安去，就是爬也要爬到延安去！”在地下党的帮助下，历经千辛万苦，他在1937年11月到达了延安，作为当时奔赴延安的唯一留美学者，受到了毛泽东的欢迎和接见，被毛泽东称为“中国的红色科学家”。在延安，高士其满怀热情地参加了自然和社会科学团体组织的各种活动，也得到了同志们的关怀和照顾。1939年，他在延安加入了中国共产党。他忍受着病痛，以更高的热情积极工作，同时也在与病魔进行顽强的战斗。

由于延安的医疗条件简陋，高士其的身体越来越差，接近于瘫痪，党组织决定送他去香港治疗。经过桂林的时候，马宁、工斯大妇　起照顾他。　天，他们在　座破庙中休息，大家都累了一天了，吃了一点东西后就睡了。没想到，破庙年久失修，夜里有老鼠出来，竟然咬伤了高士其的脚。高士其身体瘫痪，行动不便，没法驱赶老鼠。他见其他同志睡得正香，就不忍心叫醒他们，便默默地忍受了一个晚上。第二天，马宁发现了地上的鲜血，又见到高士其的脚踝处被老鼠啃得都露出了白色的骨头，心疼坏了，抱着高士其哭了起来。这时，高士其反而安慰马宁夫妇，说没什么，只是咬破了一点皮。

高士其就是这样一个有着超凡的忍耐力和意志力的战士，他始终乐观地面对苦难和折磨，病残的躯体里奔腾的是生命的急流。虽然病魔一直在摧残着他的身体，到最后几乎全身瘫痪，但他从来没有把自己当作一个病人。在六十多年里，他以惊人的毅力，写下了几百万字的科学小品、童话和多种形式的科普文章，《我们的土壤妈妈》《时间伯伯》等优秀科普作品深受青少年的欢迎。

新中国成立后，党和国家非常重视高士其的科普工作，也很关心他的身体。高士其非常珍惜他的工作权利和有限的生命，全身心地投入工作中去。到了晚年，虽然他已经说不清楚话，也写不好字了，但他的工作节奏却在加快。即使他只能用鼻饲法进食，也没有耽误他的工作进程。他常常一边进行鼻饲，一边题词、作文、写回忆录，好像完全感觉不到痛苦一样。当需要挂点滴治疗时，他总是要求挂在左手，因为右手是要工作的："谁也不能剥夺我工作的权利。"1988 年 12 月 19 日，高士其与世长辞。

高士其付出了常人难以想象的艰辛和努力，终身不懈地传播、普及科学文化，是中国科普事业的先驱和奠基人。他不畏磨难、坚韧不拔的精神是十分宝贵的财富，不断激励着后人前行。

65 李桓英：百岁新党员勇战病魔

李桓英是百岁高龄的世界著名麻风病防治专家，长期奔波在云、贵、川麻风病病人多发地区，将全部精力贡献给了麻风病的防治和研究工作，曾荣获国家科技进步一等奖、首届中国麻风病防治终身成就奖。

李桓英，1921 年出生于北京，年幼时随父母去德国，在柏林读了小学。德国的医学很发达，在祖父和母亲的影响下，她走上了学医的道路。1939 年，李桓英从香港考入同济大学医学院。当时同济大学因战乱辗转南迁，她在昆明入学，在四川李庄度过了大学时光。1945 年，她前往美国约翰霍普金斯大学攻读硕士学位，专业是细菌学和公共卫生学。硕士毕业后，霍普金斯大学的教授推荐她到世界卫生组织工作，于是李桓英经常被派往亚洲、美洲的很多国家防治性病等各种疾病。

1958 年，李桓英婉言谢绝世界卫生组织续签五年合同的聘请，瞒着早已移居美国的全家人只身回到祖国，在中国医学科学院皮肤病研究所任主治医师，从事梅毒特异性血清学诊断、过敏性皮癣皮炎等研究工作。因为海外留学工作的经历，1970 年她被下放到江苏省一个麻风村工作。1978 年她回到北京热带医学研究所，继续从事麻风病的防治和研究工作。

对于李桓英选择麻风病作为自己研究的领域，很多同事不理解，背地里笑她傻，因为相较于麻风病研究，其他领域更容易出研究成果。麻风病，是一个极其古老的病种，已经有三千多年的历史。而在人类和麻风病斗争的几千年里，几乎全是失败的记录。

1980 年，李桓英到世界卫生组织做访问学者，得知世界卫生组织正在研究一种联合化疗的新方法，可以提供免费的药物支持和实验项目。对于当时中国麻风病人缺医少药的情况来说，真是千载难逢的好机会。李桓英经过两年的走访和前期调研，成功争取到了在中国进行联合化疗方法实验的项目。1983 年她在云南省勐腊县的试点研究取得成功，并于 1985 年在云、贵、川三省推广。她连续十多年奔波在云、贵、川贫困边远的麻风病地区。到那里需要坐火车、换汽车，再走六七个小时的崎岖山路。年轻人的身体都可能吃不消，58 岁的李桓英却硬是挺了下来。她说："工作就是斗争，没有困难怎么会成功？当你一心往前赶路的时候，即便有苦也顾不得叫苦了。"由于山高路险，她曾经历过两次翻车和两次翻船，身上伤痕累累。有一次，她乘坐的汽车滚到十多米深的沟里，导致她头部被缝了七针，两侧锁骨和肋骨被摔断了。

李桓英与病人握手、拥抱、拍肩膀，用行动告诉大家，不要嫌弃、孤立麻风病人。她介绍越来越多的病人参与世界卫生组织协作项目，治愈的麻风病患者已经超过一万人，还成立了以她名字命名的“北京市李桓英医学基金会”，帮助救治更多的看不起病的麻风病人。2016 年 12 月，95 岁高龄的李桓英教授正式加入中国共产党，成为接近百岁的新党员。2021 年 8 月，中共中央宣传部决定授予李桓英“时代楷模”称号。

一个留学美国的柔弱学者，放弃国外优厚的工作和生活条件回到祖国，用自己坚持不懈的坚强意志，扛起了消灭麻风病的大旗，将永远激励着后来者继续战斗直至获得最后胜利！

66 张绪：共产党员没有二线

活着的时候要为党和人民工作到最后一刻，死了也要将遗体捐献出来，真正做到毫无保留地把自己都奉献给党和国家，这就是一位老红军的情怀和觉悟。这位令人肃然起敬的老红军就是原武汉军区空军副参谋长、广州军区空军“老战士报告团”原团长张绪。他离休后忍着病痛，克服种种困难，二十二年来坚持宣讲党的理论。他留下遗嘱，去世后捐献遗体，用于科学研究。

张绪 1937 年参加红军，第二年就加入了中国共产党，忘我地投身到为人民解放的革命事业中。战争年代，他经历了大大小小的战斗上百次，三次身负重伤，失去了右眼。他从来没有居功自傲，他觉得是战友和群众把他从死神那里抢回来的，他要回报他们，只有奉献到最后一刻，才能对得起党和人民。

新中国成立后，张绪继续为革命工作，1983 年离休。有人觉得，像张绪这样的老革命，劳碌了一辈子，离休了，就可以好好休息一下，种种花、养养鱼，安享晚年。但张绪不这样想，他的人虽然离开了工作岗位，他的心却从来没有离开。他告诉自己，作为一名共产党员，离休不离志，要发挥余热，为人民多做有益的事情。他在日记里写道："共产党员永远没有二线，只要心脏还在跳动，就要力所能及地为党做些工作。"他认为，好好地把党的光荣传统给下一代讲一讲，是一个老红军的责任，于是离休后，他踏上了学习、宣讲党的理论的新征程，他把对党的无限深情融入新的岗位上。

1986年，张绪担任了"老战士报告团"的团长。他带领报告团宣讲革命理论，宣传党和军队的光荣传统，到全国二十多个省市地区，做了二千七百多场报告，听众有二百多万人。报告团先后获得"全国关心下一代先进集体"和"全国老有所为先进集体"称号。

报告团一成立，张绪就定下了规矩："不求索取，不计报酬，不讲条件，不搞吃请，不提个人要求。"有时候，请他们做报告的单位觉得这些老同志太辛苦了，就拿出一些讲课费，请他们收下，张绪坚决不要。二十二年来他一直坚持义务为群众做报告，从不破例。

他坚持写日记，把对共产党人价值观的深刻感悟都记录下来，这样的日记他有五十七本。他执着地钻研党的理论，学习笔记里写满了他学习的心路历程。他还把要讲的理论要点做成小卡片，走到哪里就带到哪里。

他在战争中失去了右眼，左眼视力也逐渐变差，只能拿着放大镜准备讲稿。从2005年开始，张绪的身体越来越差，多种疾病缠身，但只要有需要，他就像原来在战场上一样毫不犹豫地冲锋在前。早年的伤病、晚年的多种疾病，都没有阻止这位老红军的脚步，只要有单位邀请报告团去做报告，不管多么偏远，他都坚持亲赴现场。湖北老河口空军某训练基地邀请报告团去做报告，他当时已经84岁高龄，仍毅然前去。路上要走几百公里，他坚持坐了六个小时的硬座。过度的劳累导致他肠道出血，在医院输了八百毫升血才转危为安。病好没多久，广州军区空军部队特招的一百六十名地方大学生在广西柳州集训，邀请他去做报告。他想到这些大学生将来都是部队的栋梁和一线带兵人，毅然接受了邀请。

2008年5月1日，张绪因病逝世，终年87岁。他去世后，家人发现了他要求捐献遗体的遗嘱：“挥泪告别众亲朋，含笑去见马克思。遗体捐医供科研，团结战斗寄哀思。”这份遗嘱，让我们看到了一个有着七十年党龄的老共产党员的高尚情操。

67 周永开：共产党员只能退职，不能退休

“共产党员只能退职，不能退休。”这是93岁离休干部周永开时常挂在嘴边的一句话。七十多年党龄的他把共产党的使命刻入了骨髓，把为党为人民服务作为他一生工作的宗旨。周永开用实际行动坚守“为共产主义奋斗终身”的誓言。

周永开，1928年3月出生，四川巴中人。1945年，17岁的他庄严宣誓，加入中国共产党，从此，“一直到死，争取当一名合格的共产党员”成了他毕生的追求。周永开始终保持共产党员艰苦朴素的作风、对党的事业的恒心和对党对人民的忠诚。他在新中国成立前冒着生命危险从事川北地区党的地下工作，新中国成立后依然全心全意为百姓造福。离休后，年过60的周永开并没有如大多数人一样享受安逸舒适的晚年生活，而是以饱满的热情继续为党和人民服务。他大力弘扬红色文化，积极投身生态环境保护事业，带领村民种植药材脱贫致富，还捐款在母校设立“共产主义奖学金”，共奖励了近四百名师生。

花萼山位于四川省万源市境内，被誉为大巴山“生物基因

库”，具有重大的科学研究意义和保护价值。但20世纪90年代，由于村民放牧、乱砍滥伐、过度开荒，花萼山的生态系统遭到严重破坏，曾经茂密的树林变得荒芜一片。这令周永开心疼万分，他决定植树护林，还大山一片绿色。1994年，周永开带着两名退休同志一头扎进花萼山，成为守山人，这一守就是二十年。开始的时候山上没有路，只能用手扒着石头上山，周永开索性租下山上的茅草屋，三位老人就这样住在了大山里。山里条件艰苦，白天他们拄着拐杖植树造林，晚上就在地上铺块木板睡觉，有时只能吃苞谷充饥，喝山泉水解渴。山上气候阴冷潮湿，他们经常生病咳嗽，腰腿酸疼。1995年初，周永开跟着一名向导徒步穿越花萼山时陷入积雪中动弹不得，经过紧急抢救才苏醒过来。还有一次，年近70的他独自巡山，下午三点多还没有吃饭，结果在途中休息时昏迷过去，幸好被村民家的狗发现，带领主人救了他。而在医院待了一个月后他又硬撑着回到了山上。

周永开走遍了花萼山十一个乡镇三十多个村，不厌其烦、苦口婆心地向老百姓宣传保护生态环境的理念，引导群众投入生态保护事业中。起初，周永开并不被村民理解，但他的坚持和执着感动了村民。在他的反复劝说下，越来越多的村民意识到生态保护的重要性，他们慢慢从砍柴变成了捡柴，有的还变成了义务护林员，护林保林也逐渐成为村民们的自觉意识，他们也由衷敬佩这位现代社会的老“愚公”。周永开巡山的十九根拐杖，每一根都被老百姓悄悄钉入了防滑钉。周永开的努力有了回报，村民自发造林上百亩，林业部门在花萼山实施公益林项目，这些山林被村民亲切地称为“清风林”。二十多年来，周永开护林四万余亩，种植清风林一千三百亩，花萼山在 2007 年被建成国家级自然保护区。

桑榆未晚霞满天，人间最重是晚晴。离休三十载，初心不变、热情不减、信念永在的周永开一直坚持着为党做力所能及的事，他说：“过世之后，就在花萼山上给我栽一棵树，我生前爱树，死了就用树来陪我，我在树下做底肥。”对周永开而言，老去的是岁月，执着的是不懈奋斗。如今，年过九旬的他依然保持着旺盛的革命热情，像一匹负轭老马，不忘初心使命，矢志砥砺前行。

68 郭建华：我愿意当一辈子放映员

中国电影产业能有今天的成就，离不开幕前奋斗的出场人员，同样也离不开在幕后辛苦呈现的制作人员。这里要提到的就是一直坚守在农村，心甘情愿给乡亲们当一辈子放映员的全国道德模范——郭建华。

郭建华从 1976 年开始从事农村电影放映工作，从青丝到白

郭建华在放映的路上

发，至今已经四十多年了。这么多年，她坚守在银幕旁，只为给农村的乡亲们送去精神食粮。她希望农村也能有精神和物质的双丰收，为此她愿意当一辈子的农村电影放映员。她的付出得到了回报，乡亲们在电影中找到了共鸣，电影中的故事激发了村民们努力生活的动力，对提高农村改造的技能也很有帮助。

郭建华与电影的渊源，要从5岁时说起。稚嫩的小建华跟着妈妈第一次去村广场看电影，立刻就被银幕里的光影所吸引。她长大后，听说要招聘电影放映员，就高兴地跑去报名。负责人一开始并不看好瘦瘦小小的郭建华，觉得她根本没有力量可以承担起放电影这种重活。郭建华不服输的劲头上来了，在四十里的自行车体能测试中，她第一个冲到了终点，还比别人多带了两份拷贝。这股子拼劲儿打动了负责人，她终于成为一个电影放映员。

农村放电影和城里不一样。在城里，电影放映员可以在漂亮的电影院里工作；而在农村，没有固定的电影院，郭建华要和同事们一起把重达二百斤的电影设备拉到村里，在露天的广场上为村民放映电影。农村电影放映是个又苦又累的工作。为了把电影送到村里，郭建华有时候一晚上就要走几十里的山路，这对一个女同志来说其中的艰辛可想而知。在露天放映电影，经常会遇到各种恶劣的天气。冬天下雪的时候，为了不影响放映效果，她要不停地抖动幕布上的积雪，一场电影下来，她浑身上下都湿透了。比起冬天，夏天更难熬，农村蚊虫多，放映机的光特别能吸引蚊子，郭建华经常会被咬得浑身是包。但不管条件多么艰苦，郭建华为乡亲放电影的决心从未动摇过，她始终坚守在岗位上，从不言放弃。她说："只要乡亲们喜欢看，俺情愿当一辈子乡村放映员。"

为了这一句承诺，为了这份平凡的工作，郭建华和她的家庭付出了很多。为了不耽误工作，她怀孕的时候也每天和放映队一起走乡进村，结果导致大女儿早产。在过年的时候为了让村民看上电影，她错过了和老母亲的最后一面。她的家人埋怨过她，但最后又都选择理解她、支持她。

1994年，郭建华成为一名光荣的共产党员。两年后，她担任了电影公司负责人。想方设法把更多更好的电影送到农村去，丰富农村的文化生活。她还把放映科教片作为帮助农民学习新技术的重要手段，带领放映人员深入全区，建立了一百个农村扶贫电影放映点，累计放映科技扶贫影片一万多场次，引导许多村民走上科技助农、脱贫致富的道路。

四十多年，承担的工作在变，电影放映机也逐渐从胶盘式变成了数字化，但到村里给老乡放电影这件事，郭建华从没断过。她的心中有对党的忠诚，有为民服务的情怀，有扎根基层的执着。"一条路，走了半个世纪；一件事，倾注了全部心血。"坚守着为村民放映电影的承诺，郭建华再苦再难也没有动摇过。她身上所体现的，正是一生奉献一项事业的信念和坚守。这份坚守和执着，就是实现乡村振兴的力量。

69 张海迪：永远不向残酷命运低头

命运有的时候会跟人开个不太友好的玩笑。面对命运的不公，有的人或许会怨天尤人，但有的人会和命运抗争，不向命运低头，勇敢地迎接命运的挑战。张海迪 5 岁的时候身患重病，导致高位截瘫，面对残酷的命运，她不沮丧、不沉沦，更不会妥协，她用超乎常人的乐观与坚强，克服着身体上的不完美，用知识充实头脑，用无私武装精神，以顽强的毅力与疾病斗争，取得了常人都难以获得的成就，成为一代人的榜样。

5 岁的一天，正和小伙伴玩耍的张海迪突然摔倒了，被送到医院后，医生诊断她患了脊髓血管瘤。经过三次大手术后，张海迪的命是保住了，但手术后的她高位截瘫，余生都要和轮椅做伴，也不能和小伙伴一起上学了。但是病痛不能让张海迪放弃学业，不能上学，她就在家里自学。在妈妈的帮助下，她自学了从小学到中学，甚至到大学的课程，同时她还学习了英语、日语、德语等几国的语言。有时候，妈妈看到她强忍着病痛学习的样子，非常心疼，劝她休息一下，以后再学，但张海迪一直坚持完成每天的学习任务，丝毫也不放松。张海迪始终认为学习这件事，并没有平坦的道路可走。人在遇到困难的时候不仅不能屈服，还应该拿出保尔的勇气，去战胜它。

15 岁的时候，张海迪跟着家人来到农村。虽然这里生活艰苦，但乡亲们都很照顾她，周围的孩子也很喜欢她，她感受到了乡亲们的淳朴和热情，于是，她想："我也要为乡亲们做点什么。"当时，村里的医疗条件比较差，人们生病了只能到很远的卫生院治疗，很不方便。自身也在遭受病痛折磨的张海迪看到这些，决心要学习医术，以此来帮助村民缓解疼痛。她用自己积攒的零花钱去买医学资料，开始自学，渐渐掌握了医学知识。在缺医少药的农村，传统的针灸疗法无疑是一种比较方便和有效的治疗方式，张海迪决定要好好练习针灸，好为乡亲们治病。

她将自己身上的穴位用不同色彩的圆点标记，方便自己熟悉针灸的穴位，并且按照书上的指导，用萝卜等植物进行练手。练得差不多了，便决定拿自己做试验。她将针扎入自己的身体，感受针的强度和痛感。有人好奇地问她是不是因为她的身体没有感觉才这样做，其实大大相反，她会将针扎在自己痛感最强的地方，甚至是脸上，经常弄得自己满头大汗。她说，身为医生，最重要的就是自己必须有体验，这样才能知道自己扎针的程度和针所带来的感觉。聪慧的张海迪在坚强的毅力支撑下，终于掌握了针灸的技术，于是开始为乡亲们免费治病。只要有人来求医，她都热情地为他们治病。有的重病号行动不便，她就坐着轮椅上门去给病人扎针。当时村里有一位老大爷，已经瘫痪了很久，还不能说话，张海迪一边给大爷治疗，一边不断鼓励他增强战胜病魔的信心。后来，这位大爷终于可以开口讲话，甚至站了起来。

1983 年，张海迪开始从事文学创作。她以顽强的毅力克服病痛，精益求精地进行着创作，执着地为文学而战。她翻译了《海边诊所》等数十万字的英语小说，出版了长篇小说和散文集，她创作和翻译的作品已超过一百万字。

张海迪身患重疾，但她在病痛中磨炼出坚强的毅力，以百折不挠的精神为人民无私奉献，她永不言弃的精神鼓舞着无数人。她的经历告诉我们，任何困难都不能也不应该成为一个人向往美好生活的阻碍，我们可以通过自己的努力活得精彩、活得完美，活成自己想要的任何样子。

70 陈叶翠：二十九年的“小巷总理”

2017年11月11日，济南的一个普通社区里，一辆灵车缓缓出发。道路两旁是上千名当地的居民，他们自发地站在路边，含着热泪，向在基层社区默默奉献了二十九年的“小巷总理”——陈叶翠做最后的告别。社区居民舍不得她，因为她把全部心思都投入到工作中；社区居民爱戴她，因为她时刻将群众的冷暖挂在心头。

陈叶翠，是一位社区党委书记，自1988年到社区工作，一干就是二十九年。作为一名党员，她一直遵守着党的宗旨，将人民对美好生活的向往作为奋斗目标。她将社区当作自己的家，时刻关心居民的生活，默默地在基层社区为大家服务。陈叶翠所在的社区修建于20世纪80年代，房屋老旧，街道狭窄，基础设施陈旧，环境嘈杂。为了改善社区环境，陈叶翠创造性地总结出以党建为龙头、以文化为灵魂、以服务为核心、以居民自治为方向的“四位一体工作法”。在她的带领下，社区拥有十七支社区文体活动队、十三支志愿服务队、三支党员服务队、两个俱乐部，拥有自己的社区养老院、社区诚信就业促进会、知心畅语工作室。陈旧的老社区变成了整洁有序的优美家园，成为高校的社会实践基地，还吸引了来自世界各地的社会专家参观学习。

社区的工作平凡而琐碎，但又关系到家家户户，是小事也是每家每户的大事。她随身带着一个小本本，看到社区里有什么需要改进的地方她就随时记下来，除此之外，上面还记满了家长里短、大事小情，这样的小本子一共有六十多个，摞起来有半米之高，每一本上都透露着陈叶翠为居民尽心着想的心血。大到社区环境的治理，小到地下水道的维修，她都尽力尽责、亲力亲为。为了大家，她常常忘了小家。清洁工张大爷的儿子因为生活困难没钱举办婚礼，她就帮着张罗，亲自操办，但自己女儿结婚的时候陈叶翠却因为工作错过了。她没有固定的下班时间，每天都要完成居民所托的工作才会休息，有时甚至会加班到深夜。她将社区的工作当作自己的生活，把居民当作自己的亲人，凡事都围绕居民的利益，直到自己病倒，还心系着社区的一切。“社区工作就是我的命，我就是死在工作岗位上也愿意。”陈叶翠说。

看着她不知疲惫地为社区忙碌着，每天都干劲十足的样子，谁能想到她已经重病缠身了。她从不向同事说自己生病的事，接受了卵巢肿瘤切除手术之后没几天，陈叶翠就回到了工作岗位上，之后每次化疗完就直接去上班。陈叶翠知道社区的居民离不开她，社区需要调解安排的事情有很多，她要尽快回到工作中。

她的身体越来越瘦、面容越来越憔悴，但为社区居民奔走的脚步从来没有停歇。后来，她的病情恶化，不得不住进医院，在身体极度虚弱的情况下，她还不断地问大夫，什么时候能出院，什么时候能工作。社区的工作一直是她心上最重要的事。

这位33岁就投身社区工作的“小巷总理”二十九年来扎根社区，将最美好的青春韶华全部奉献给了社区居民。始终和社区的群众想在一起，干在一起，用毕生的精力致力于社区建设，做好基层工作，将人民的利益放在第一位，在平凡的岗位上做出了不平凡的成绩，也赢得了社区居民的衷心爱戴。陈叶翠，诠释了一位基层社区工作者最大的美德。她用自己的行动履行着一个党员的宗旨，不忘初心、牢记使命，生命不息，奋斗不止。

71 金海：草原上的中国保尔

小说中的保尔·柯察金是一个坚强不屈、顽强抗争、永不言败的人，他的一生是战斗的一生，也是与病魔抗争的一生，他把自己宝贵的青春交给了党和人民，是一个于平凡中见伟大的英雄人物。在中国广袤无垠的大草原上，有一个人被称为“草原保尔”，他就是金海，一个同保尔一样忍受着病痛的折磨却依然对生命满怀激情的英雄。

金海来自内蒙古大草原上一个普通的牧民家庭，1982 年在内蒙古大学毕业后留校任教，成为一名尽心尽力、诲人不倦的教师。1999 年，金海开始攻读博士学位，他的事业迎来了一个新的时期。正沉浸在教学和科研中的他突然被确诊患上颌窦腺癌。面对这张“死亡通知单”，金海没有放弃生的希望，他一边与病魔进行顽强的抗争，一边继续他的教学生涯，严谨负责地对待每一个学生。同时，他克服种种病痛，潜心研究课题。“我要把自己的知识和研究成果尽可能多地留给国家和民族，留给学生，让几代人为之努力的事业能够薪火相传。”这是金海生前常说的一句话。

患病后的金海先后进行了九次手术，每一次手术的后遗症都对他的生活造成严重的影响。手术会使他的鼻腔、口腔结构发生变化，影响说话能力。可是金海不想放弃教学，因此他在每次手术后不断锻炼脸部肌肉，调整舌头在口腔中的位置。就这样，他从说不了话到能够清楚地发音，恢复说话能力，一次次重新站上那个他热爱的讲台，始终以高度的使命感和责任感，认真负责地对待每一项工作。

2007 年，金海的病情急剧恶化，必须进行第七次手术，而这次手术，让金海再次受到重创。他的右眼球被摘，只留下一个什么都看不见的黑洞，同时鼻子被堵住，嗅觉、味觉全部丧失，听力严重下降。但手术后一个月，他又开始投入到科研工作中了。当病痛发作难以忍受时，他就用手紧紧捂住眼睛，咬紧牙关一声不吭。他认为只要自己还能思考，就要坚持，在有生之年能干多少就干多少。

金海说："我是少数民族知识分子，党培养了我，我要将全部知识奉献给自己的祖国、自己的民族。"在被病魔折磨的十年里，他从未离开讲台，从未放弃课题研究，经常带病参加田野调查。肿瘤复发后，他依然坚持完成自己的工作，坚持给学生上完最后一堂课，并看着学生完成答辩后才住院治疗。即使躺在病床上，他还在为书稿插图的文字说明操心。他一次次被疾病压倒在病床上，又一次次顽强地爬起来，他说："没事，我能顶住。那么多课题和学生还等着我呢，我不会放弃。"

作为学科带头人，金海身上有一种“玩儿命”的劲头，学术上总有创新、突破之作。金海在患病后完成的博士学位论文《日本在内蒙古的殖民统治研究》，填补了我国日本侵华历史研究的一项空白，得到专家的高度认可。他出版个人专著两部、合著十二部，发表三十五篇学术论文，共计二百万字。多次获得国家和自治区科研奖项，先后培养十六名硕士生、六名博士生。

金海以常人难以想象的毅力和顽强的精神，与病魔斗争，为事业拼搏。他是位普通的学者，却用超人的毅力和精神创造着生命的奇迹。人们感叹金海的身体是由特殊材料制成的，称他为“草原上的中国保尔”。2011 年，金海因病去世。虽然金海的生命短暂，但他拓展了自己生命的宽度，他用努力与坚持完成了宝贵的学术研究，是后辈学习的榜样。

72 张桂梅：大山女孩的校长妈妈

在云南山区，有的地方相对贫穷，人们的观念也比较落后，尤其是重男轻女的思想比较严重。这里的女孩儿们有的很小就辍学务农，有的甚至早早嫁人生子，一辈子都走不出大山。张桂梅，被称为大山女孩儿的校长妈妈，创办了全国第一所全免费的女子高中，为大山里的女孩儿们架起了一座知识的桥梁，把一批又一批的女孩儿从大山里送出去，让她们看到更广阔的天地。

张桂梅 10 多岁的时候跟随姐姐来到云南支援边疆建设，在这里，她成为一名人民教师，同时也收获了美满的爱情。不幸的是，1995 年，丈夫因病去世。之后，张桂梅要求调到边远的华坪中心学校，想在忙碌的工作中忘记心中的悲痛。在这里，她看到了孩子们一双双渴望知识的眼睛，也感受到了群众对教育的期盼。她决心扎根滇西贫困山区的教育一线，努力改变这里的面貌，尤其是要改变这里贫困家庭的女孩儿们的命运，让她们能读书，能接受更好的教育，走出大山，为社会做出更大的贡献。

她有了一个想法，要办一所免费的高中，让女孩儿们都能读书。很多人都认为这是一个不可能实现的梦想，劝她放弃。张桂梅却执着地为这个梦想奋斗着，节衣缩食，四处呼吁，还到街头募捐，即使遭受别人的误解和白眼，也为了自己的教育信念一直咬牙坚持着。终于，在各级党委政府的关心支持下，2008 年，全国第一所公办免费女子高中——丽江华坪女子高级中学成立了，张桂梅终于实现了自己的梦想。学校自成立以来，共把近二千名大山女孩儿送进了大学，点亮了她们的人生梦想。

作为校长，张桂梅的每一天都是忙碌的。清晨 5 点多，她就要起床，身患多种疾病的她需要在宿管员的搀扶下才能下楼，她要赶在学生早读之前把楼道的灯一盏盏打开，她说怕女孩儿们害怕。上午，她一间教室一间教室地巡查，观察学生的状态，同时还督导教师的教学。中午，她独自在办公室吃午饭，因为有胃病，她只能喝粥吃饼，同时还要吃下大把大把的药片。吃完药后的她赶到食堂陪学生吃午饭。下午，除了继续巡课，张桂梅还要处理很多学校的日常事务，她还要为孩子们找到更好的师资。吃过晚饭后，她利用学生自习的时间回到华坪县儿童福利院看看孩子，守着他们做完作业后再马不停蹄地赶到学校巡查晚自习，直到所有的学生都睡着以后，她才回到宿舍简陋的单人床上休息。日复一日，年复一年，早已过了退休年龄的她依然坚守在自己的岗位上。

除了主持日常工作外，她还常年坚持家访，行程十一万多公里，为学校留住了学生，也为学生留住了用知识改变命运的机会。为了改善孩子们的生活和学习环境，她节衣缩食，对自己近乎抠门，却把工资、奖金都捐出来，用在学生身上。张桂梅先后捐出了四十多万元，她的学生没有任何一个因贫穷而辍学。

张桂梅说："我这辈子的价值，是我救了一代人。"为了让贫困山区的女孩儿走出大山，她用生命办学。张桂梅是华坪县儿童福利院孩子口中的"张妈妈"，是一千八百多名女高中生的"校长妈妈"，她将自己四十年的青春全部奉献给滇西贫困山区，锲而不舍、坚定不移地为教育事业奋斗终身，用自己病弱的身躯为大山女孩儿传递希望的曙光。她以坚韧执着的拼搏和无私奉献的大爱，诠释了共产党员的初心使命。

73 史光柱：战斗英雄，励志楷模

“没有花香，没有树高，我是一棵无人知道的小草……”战斗英雄史光柱1985年在人民大会堂做英模事迹报告时，唱着这首歌曲，成为20世纪80年代大学生心目中的杰出青年。而他却说：“‘战斗英雄’这个荣誉应归功于党和人民，归功于集体，归功于牺牲了的战友。我只不过是高山上的一棵小草，希望为祖国母亲增加一点翠绿。”

史光柱，1963年10月出生于云南省马龙县（今曲靖市马龙区），1981年入伍，1984年1月加入中国共产党。1984年4月，得知作战任务后，史光柱给党支部递交了请战血书：“宁可前进一步死，决不后退半步生；宁可死在山顶，也不死在山脚。”4月28日凌晨，对越自卫反击战的一场战斗打响了，他担任二排主攻班四班的班长。战斗中，排长刘朝顺被炸成重伤，史光柱扑过去给他包扎。经连长同意，他率领全排向57号高地进攻。敌人两个机枪火力点和老山主峰上的高射机枪压得全排都抬不起头来。他指挥大家散开队形隐蔽，自己爬到一棵被炸倒的大树旁，迅速拿起身旁牺牲战士的火箭筒，打哑了敌人正在喷着火舌的机枪，带领全排又向前冲去。突然他觉得小腿火辣辣地疼，来不及看伤口就又向前冲击。一名战友为了掩护他，被敌军的子弹打掉了下巴和牙齿，但拒绝下火线，仍然紧握轻机枪对着敌人一阵猛烈射击，不幸胸部中弹牺牲。这时，一发炮弹在离史光柱头顶四米高的树枝上爆炸，头上的钢盔被炸飞了，感觉左肩一热，脸上和耳朵一片剧痛。气浪掀起，他被重重地摔在地上，顿时就昏迷了。苏醒过来以后，他想到排长委托的任务还没完成，就咬着牙站起来，继续带部队冲击。手榴弹的弹片打在他的喉部和左膝，他的胸膛也被炸得破破烂烂……战斗到了最关键的时刻，他一刻也没有犹豫，命令机枪掩护，又继续向前冲去。不料身旁的代理副排长李金平踩响一颗压发雷，几十块地雷碎片打进史玉柱的脸部，顷刻血流如注，他的两眼什么也看不见了。飞溅的泥土堵住了他的嘴巴，他顿时喘不过气来。事后才得知，他的左眼球被炸出来了。李金平也被炸断了左小腿，正在昏迷。战斗不能没有人指挥，史光柱以常人难以想象的毅力将眼球塞进眼眶，忍着剧痛摸索着站起来，高呼："同志们，现在是最关键的时刻，为党为人民杀敌立功的时候到了，向前冲啊！"由于血流得过多，他站不住了，只好摸起冲锋枪努力地向前爬行。不知过了多久，他听见连长带着哭声喊："光柱，高地拿下来了，你的任务完成得很出色。"

史光柱不仅是战场上的英雄，还是生活中的强者。他始终以战士的姿态，把战场上的钢铁意志延续到生活之中，拖着残疾的身躯，献身慈善公益事业。他坚持巡回演讲，弘扬“艰苦奋斗、无私奉献”的“老山精神”，他先后帮助千余名残疾人重新燃起生活的希望。他自学写作，后来被深圳大学破格录取，成为中国第一位获得文学学士学位的盲人。他坚持文学创作，出版了六部诗文集，多次获国家级文学奖，许多作品被翻译成俄、法、英等多种语言广为传播。1990 年，史光柱被中央组织部等五部委授予“全国自强模范”称号。他在 2014 年发表了自己作词作曲的音乐专辑《大爱万里行》，还捐出积攒的几万元稿费，成立了北京助残爱心公益促进会。

几十年来，史光柱凭借顽强的毅力，以自己的实际行动激励和鼓舞着一代又一代青年，树立了一个献身祖国和人民的光辉军人形象，不愧为时代楷模。

74 王顺友：常年奔走在深山险路的投递员

在一望无际的雪域高原上，有一个孤独而又坚毅的身影，温暖了当地百姓三十二年。他就是四川省凉山彝族自治州木里藏族自治县的邮递员王顺友，苗族名字——咪桑。三十二年里，他一人一马奔走在苍茫大山中的邮路上，将一份份邮件送到用户家中，投递准确率达到了百分之百。

1984年，19岁的王顺友从父亲手中接过马缰绳，成为一名普通的马班邮路邮递员。父亲郑重地对他说："送信就是为党做事，为党做事的人要吃得起苦。"牢记着父亲的嘱托，王顺友开始了马班邮路的漫漫征途。马班邮路就是"用马驮着邮件按班投送的邮路"。在21世纪的中国邮政史上，这种原始古老的通邮方式堪称"绝唱"，王顺友就是为这首"绝唱"而生的使者。

木里藏族自治县位于青藏高原东南，这里高山绵延起伏，平均海拔三千一百米，路途险峻，气候恶劣。王顺友负责的邮路上有高山，有深谷，甚至要穿越原始森林。海拔五千米的高山上冰雪覆盖，气温达到零下十几摄氏度，而到了雅砻江河谷时，气温又到了四十多摄氏度。冬天一身雪，夏天一身泥，就是他的常态。除了气候恶劣、变幻不定外，一路上山路崎岖狭窄，有难以攀登的悬崖峭壁，有波涛汹涌的雅砻江，有的时候还会面临野兽的袭击。当地人都要结伴才敢走这条路，但王顺友总是一个人走在人烟稀少的路上，露宿在荒山野岭中，陪伴他的只有那匹马。艰辛路途的苦与累、邮路上的寂寞和孤独都没有打败他，王顺友从来没有想过放弃，他的每一步都踏出了身为共产党员的执着和责任。“再大的苦也要忍，不能给党丢脸。”这就是他朴素的信念。

怀着这种朴素的信念，在强大的意志力支撑下，二十年来王顺友跋山涉水、风餐露宿，准确地把一份份邮件送到千家万户，也把外面世界的变化和党的温暖送到了雪域高原的村寨里。在送信的途中，王顺友累了就在深山中歇息，渴了就接取山泉水喝。遇到天气不好时，王顺友首先想到的是保护好邮件不受损失。每当下雪或是下雨，他都毫不犹豫地将外套脱下，盖在邮件上，以免打湿了信件，而自己则经常被淋得湿透。有一次在渡江时，绑在腰上的溜索突然断裂，他从两米多高的空中栽到了沙滩上，背上的邮件包被甩到了江里。他一下子爬起来，顾不上看自己有没有受伤，抓着一根树枝就跳进江里，拼命打捞江中的邮件。最终，他从湍急汹涌的江水中把邮件包捞了起来，人却累得瘫倒在地上起不来了。岸上的人看到他这么不要命地打捞邮包，连说他太傻了，他却说：“邮包比我的命金贵，因为那里面装的都是政府和乡亲的事！”

还有一次，王顺友牵着马来到了一个叫“九十九道拐”的地方。这是一条马帮踩出的羊肠小道，盘旋在悬崖峭壁之间，陡峭难行。王顺友小心翼翼地跟在马后边，突然，一只山鸡飞出来，马受了惊，冲着他的肚子踢了一脚，当时他疼痛难忍，但是为了将手里的信件按时送达，他强忍着剧痛，最后到医院时，医生一检查，发现他的肠子已经破裂，差一点就有生命危险了。每当乡亲们问他害不害怕时，他总是笑着说，不害怕是假的，但是为了给乡亲们送信，也就不怕了，因为他知道这是他的职责，是身为党员要为人民服务的使命。

后来，随着社会的进步和提升，马班邮路退出历史舞台，修建好的公路延伸到每个角落，省力的摩托车和汽车成为主力，邮政服务变得更加便捷。王顺友虽然上了年纪，还是坚守在自己的工作岗位上，继续走在那条熟悉的道路，重复着熟悉的工作，给乡亲们做最坚实可靠的邮递员。他说过只要乡亲们需要他，他就要坚守好自己的岗位，继续把信送下去，把党和国家的声音传递到每一个角落，用坚守架起一座桥梁，把党中央和偏远山区的百姓紧紧连在一起。

2021 年 5 月 30 日，那个为了一个简单而又崇高的使命，在大山深谷之中穷尽青春年华的人走了，但他与马班邮路的传奇将一直被人们吟唱，人们会永远记得这位英雄平凡而伟大的坚守。

75 韦昌进：视死如归，血战到底

1985年7月19日凌晨，韦昌进所在排正在坚守老山前线的一座无名高地。他的眼球被炸出眼眶，右胸被弹片穿透，身受重伤。在阵地即将失守的万分危急的时刻，他毅然用报话机向排长呼叫："为了祖国，为了胜利，向我开炮！向我开炮！"排长不忍心开炮，他急得骂了出来，吼道："你还要阵地吗？是我的命重要还是阵地重要？快打呀！快点向我开炮啊！"他在难以想象的流血剧痛中独自坚守阵地十一个小时，被誉为"活着的王成"。

韦昌进，1965年11月出生于江苏溧水，中共党员，18岁入伍。1985年3月，不满二十岁的他随部队参加对越南的自卫反击战。他们排坚守的高地是老山地区防御前线的重要屏障，也是越军进攻我军的必经之路。7月19日凌晨5点左右，敌军以两个营和一个加强连的兵力，向高地发起进攻。敌人的炮弹"咣咣"炸响，像雨点一样落在韦昌进的哨位周围。他们还剩下五名战士，副班长成玉山和战士苗廷荣在洞外放哨，韦昌进和张泽群、吴冬梅在洞内坚守。吴冬梅负责用报话机与排指挥所联系，韦昌进和张泽群则冲出了山洞的洞口。看到敌人冲上来，他顾不上包扎伤口，对准敌人连扔两根爆破筒，猛甩了十几枚手榴弹。看到敌人的十几具尸体滚下山去，他们就撤回洞口。很快，敌人的炮弹又铺天盖地地轰上来。苗廷荣被打中了两只眼睛，什么都看不见了。韦昌进也觉得左眼像被扎了一下，有个东西流了下来。用手往脸上一摸，是一个小肉团子，轻轻一拉，钻心似的疼，他猛然意识到眼球被炸出来了。敌人的炮弹一阵阵扑来，他顾不上别的，匆忙用手托起眼球，塞进了眼眶里，接着拖起失明的战友，快速撤回洞里。突又觉得右胸也很痛，顺手一摸，满手都是鲜血，他疼昏过去了。事后才知道，他的右胸部也被炮弹削去了一块肉，全身有二十二处伤口。

不知过了多久，韦昌进被隆隆的炮声震醒了。他艰难地爬到洞口，看见二三十个敌兵号叫着冲了上来。吴冬梅提着冲锋枪过去，刚到洞口，敌人的炮弹就炸塌了洞口，碎石哗啦啦地落下来，吴冬梅壮烈牺牲。韦昌进本来想端枪冲出去和敌人拼命，但是血肉模糊的他实在动弹不得。他能做的只是向排指挥所报告敌情，引导我方炮火打击洞外敌人，守住阵地。他从上午 9 点多一直坚持到下午 3 点左右，指引我军一连打退了敌人十一次进攻，敌人的尸体横七竖八地躺了一地。排长用报话机告诉他："敌人的火力封锁严密，援兵一时上不来。""张泽群已经牺牲了，副班长成玉山身受重伤。阵地上只剩下你和苗廷荣两个人了。""苗廷荣也双眼失明，阵地就交给你了。"他当即表示："一定守住阵地，绝不给祖国人民丢脸。"

随着右胸的流血越来越多，韦昌进感觉呼吸越来越困难，他预感到死神已经逼近了，他挣扎着爬到刚刚醒来的苗廷荣身边，把报话机交给他。他摸到一瓶水果罐头，用枪刺开了个洞，对苗廷荣说："快喝点儿甜水吧，一定要活下去。保持和排长联系，一定坚持到增援部队上来……如果我牺牲了，请你一定到我家里去，替我多喊几声'妈妈'。"苗廷荣握紧他的手说："放心，我和你一样，死也要死在阵地上。"

又不知过了多久，韦昌进忽然听到敌兵的说话声，他意识到敌人已经爬上了阵地。韦昌进拿过报话机，对排长喊道："为了祖国，为了胜利，向我开炮！向我开炮！"排长说："昌进，你等等，我不能开炮啊。"只听一阵猛烈的炮火，敌人陈尸阵地，四散奔逃。原来，排长为了保证韦昌进和苗廷荣的安全，指引炮兵只对敌人的哨兵部位进行射击，成功守住了阵地，彻底消灭了敌人。战斗结束后，韦昌进昏迷了七天七夜，左眼摘取了眼球，安装了义眼，右眼视力也变得很差，身上还留有四块无法通过手术取出的弹片。他荣获"战斗英雄"荣誉称号和"八一勋章"。

即使在和平建设的年代，韦昌进依然不改当年冲锋的姿态，先后获得"改革先锋"奖章和"保卫改革开放和平环境的战斗英雄"称号。

76 任向红：守护阵地安全三十年的女教授

每当火箭升空的时候，总能引起人们的仰望和欢呼，但你知道吗？火箭要想在太空中飞行，又在大气层中工作，就需要一种叫作“推进剂”的能源。推进剂也被称为导弹的“血液”，这个“血液”在提供能源的同时也会产生污染环境的废气、废水，而且对操作人员的健康造成威胁。

怎样才能既保证长剑问天，又保护绿水青山，还可以保护官兵的身体健康？“全国三八红旗手”，中国人民解放军火箭军工程大学某教研室教授、博士生导师任向红，通过三十多年的科研攻关，终于解决了推进剂污染处理的难题，给部队交出了一份满意的答卷。

1988 年，任向红考入原第二炮兵工程学院（现火箭军工程大学），开始学习推进剂工程专业，从此她就和推进剂这种有毒、有害、易爆、易燃的物质打上了交道，而且这交道一打就是三十多年。当有的同学对这种有毒有害的物质产生畏惧情绪的时候，任向红却说“与其惧怕它，不如了解它、驾驭它”。从本科到博士，从学生到一位受人尊敬的博士生导师，她一直从事推进剂的研究工作，把研究重点放在对污染的监测、治理，安全防护和资源回收利用等方面。她坚持把知识转化为作战能力，始终紧跟时代科技发展前沿，围绕作战需求，精心研究，服务部队。靠着一股拼劲儿，靠着坚定的信念和过硬的专业知识，她主持研制了多种装备列装部队，终于解决了推进剂污染处理的难题，保护了部队的绿水青山，也为部队官兵提供了安全保障。

在这么多年的技术攻关中，任向红不论严冬还是酷暑，始终坚持深入部队一线调研，了解部队需求。本着严谨细致的科学态度，任向红闯戈壁、上高原，顶风雪、冒沙尘，亲自取样把关，测得第一手实验数据。她深入靶场，采集实训现场数据，改造旧仓库作为实验场所，自己动手设计、搭建实验装置。

有一次，任向红在进行某装备的性能实验时，发现实验装备存在"液泛"现象，她一遍遍调试，就是找不到故障的原因。如果不能攻克技术难关，就会影响装备研制进程。她横下一条心，无论多么困难，也要找到原因。她不眠不休，潜心研究，多方调研，查找原因。在一次次失败的基础上再提高、再创新。经过两个月的艰苦奋斗，她重新调整了思路，对数千组数据进行分析计算，并对设备进行了反复实验，终于完善了设计方案，进而有效地解决了这个问题。

任向红的办公室有一个装着洗漱用品的行李箱，只要机关、部队有需求，她随时准备出差，为部队进行技术保障和服务。她曾在零下 20 多摄氏度的冰天雪地连续工作数个小时，亲自取样把关，确保了过程数据的可靠性；为了获取部队实训样品，她深夜驱车几百公里到专列停靠站接样；为获取洞库施工爆破现场有害气体和粉尘浓度数据，爆破实验一结束，她就手持仪器进入现场测量……

有同事劝她在个人职称待遇上用点心，任向红总是微微一笑，就继续埋头苦干。任向红把名利看得很淡，把事业看得很重。本着对参训将士生命负责，对阵地的青山绿水负责的态度，凭着坚强的意志和把科学研究真正转化为部队战斗力的信念，三十年来她为国家导弹事业的发展倾力奉献。她说："我是一名党员，也是一名老兵，为了导弹事业的发展和阵地安全，我随时准备冲锋陷阵。"

77 李春燕：大山里最后的赤脚医生

现在的年轻人大多不太知道赤脚医生这个职业了。严格来说，赤脚医生不算正式的医生，而是农村基层兼职医疗人员，没有固定的编制，没有稳定的收入，还要在医疗条件比较差的农村工作，很少有人能一直坚持得下来。在遥远的苗寨，有一位平凡的女子——李春燕，却十年如一日地干着这份工作，用自己的行动践行共产党员全心全意为人民服务的宗旨。

李春燕是贵州省从江县雍里乡大塘村卫生室的卫生员。当地生活水平不高，医疗条件也很差，当地群众长期处于缺医少药的境地。李春燕自掏腰包建立了大塘村的第一个卫生室，利用自己的专业知识为村民解决看病难的问题。这么多年以来，她任劳任怨，默默奉献，救治病人上万人次，接生婴儿上百人，还经常为村民垫付医疗费，深受村民的爱戴，被评为2007年“中国十大杰出青年”，也被评为“100位新中国成立以来感动中国人物”。

大塘村是一个苗族村寨，位置偏远，交通不便，经济落后，在李春燕到来之前，村里没有医生，村民们生了病，要么就扛着，要么就请巫师，还有的用土办法自己治疗。李春燕看在眼里，急在心里，她下决心要改变这种状况，用科学的办法为村民们治病，让村民有一个健康的身体。在家人的支持下，她创办的卫生室开业了，但村民并不太信任这个年轻的姑娘，来找她看病的人也不多。为了便于和村民沟通，李春燕在家人的帮助下学会了苗语，她还主动送医上门。随着治愈患者的增多，她慢慢赢得了村民的信任，来找她看病的人越来越多，就连隔壁村寨的病人也来找她。现在，大家已经习惯去李春燕那里打针吃药，村民们有了基本的医疗保障。

村民的观念扭转了，但还有一个大问题一直困扰着李春燕，那就是资金的短缺。李春燕是卖掉了家里的耕牛才创办的卫生室，医疗器械是借来的，药品是赊来的，甚至连医药箱也是用竹篮子代替的。当地村民生活困难，来看病却常常拿不出医药费，只好先记在账本上，等有钱了再还。自2000年在大塘村当乡村卫生员以来，李春燕已不知道记了多少个这样的账本。一笔笔账目的背后，如实地记录着大塘村村民的贫困，更闪耀着李春燕爱的光辉。时间一长，卫生室的资金周转就越来越困难。李春燕为此背上了七千多元的债务，他们修建的新房，因无钱买瓦，只能空荡荡地摆着，遇上雨雪天气，大雨和冰雪会飘落到床头，经常将人在熟睡中淋醒。直至在广东打工的妹妹资助下，才买回瓦片给房子盖上。为了筹钱，她连结婚戒指都卖掉了。最难的时候，李春燕也曾经想过放弃，产生了外出打工的念头。村民一听到她要外出打工的消息，就从各处赶过来，把手头仅有的一元钱、两元钱塞到李春燕的手中，眼巴巴地求她不要走。捏着村民们还来的一堆皱巴巴的零钱，李春燕读懂了乡亲们的期盼和信赖，最后，她决定放弃朋友已在广东联系好的工作，坚持留了下来。她决定就是再苦再累，也要努力坚持下去，高度的责任心和坚定的为人民服务的决心是推动她前行的力量。

李春燕的事迹被报道出来以后，她得到了很多热心人的支持和资助，还有人想邀请她到大城市发展，但想到村民的信任和依赖，她还是选择留下，坚守在这个平凡的岗位上。现在，卫生室的条件有了很大改善，村民的生活水平也在提高，李春燕还在坚守着她的承诺，默默奉献着自己的青春和热血。

78 刘洪坤：赴汤蹈火的勇士

滚滚浓烟挡不住他们矫健的身躯，熊熊烈火烧不掉他们坚定的意志。每次在洪灾、火灾、地震等特大灾害的现场，总是能看到他们的身影。世界上最美的逆行者，他们总是在帮别人往外跑，可是自己却在灾难现场里往前冲，义无反顾，舍身忘我，不畏牺牲。他们始终抢在人民前面，不顾自己的安危，用实际行动为人民排忧解难。他们不断和时间赛跑，与死神较量。他们一路的坚毅、一路的奉献，筑成了一道道坚固的围墙，守候着每一个家庭的幸福和安康。刘洪坤就是这群英勇消防战士当中的一员。

刘洪坤 1978 年出生于山东滕州，1997 年高中毕业后应征入伍。2002 年 6 月因表现突出加入中国共产党，先后任北京市公安局消防局战士、班长、排长、中队长、政治协理员，因工作兢兢业业于2013年9月被组织提拔为石景山消防支队参谋长。

2013 年 10 月 11 日凌晨 2 时 59 分，北京 119 指挥中心接到群众报警，石景山区苹果园南路东口喜隆多商场发生重大火灾，火势迅速蔓延，给周边群众生命和财产安全带来巨大威胁。火灾当晚，刘洪坤并不值班，但当他得知这个消息时，立即从家中赶到火灾现场，主动请缨，参与救援行动。为了有效开展救援行动，刘洪坤第一时间冲到商场一楼正门前侦察内部火势，发现商场内部易燃服装燃烧迅速，外面的广告牌又严重阻挡了水枪扑救路线。同时，他观察到大楼西侧与北侧是居民楼，东侧也是大商场。如果无法在最短时间内控制火势、扑灭大火，将造成更大更惨烈的局面。面对如此危急的情况，刘洪坤当机立断，将现场战士分为两组进入商场内部进行灭火，他更是亲自带队挺进商场内部。冒着数百度的高温，又拖着沉重的呼吸设备，刘洪坤始终目光坚毅、行动迅速。现场强烈的热辐射烤得人睁不开眼，水滴落在皮肤上像刀割一样，战士们只能不断地用水枪打湿自己的身体，一次又一次。即使这样，刘洪坤也毫不动摇，始终坚持在最前方，带领战士们将一层一层的火势迅速控制住。

凌晨5时许，火灾扑救进入关键环节，攻坚组推进到了第三层。就在准备继续破拆时，队员们携带的空气呼吸器发出警报。为避免发生意外，刘洪坤立即安排大家轮流撤出，更换呼吸器，而他却选择与从外侧悬挂楼梯攻入的另一名战友杨占国会合，原地换好呼吸器后继续开展侦查扑救。冒着炙烤的热浪，刘洪坤一直进攻到第四层的卷帘门前，直到新的呼吸器中的氧气消耗殆尽才被迫撤回。此时，攻坚队已在火海中连续奋战了三个多小时。5时38分，刘洪坤得到情报，商场四楼的餐厅区存有大量煤气罐。周围已经出现明火并呈蔓延趋势，一旦爆炸，后果不堪设想。刘洪坤迅速背起呼吸器，与战友刘洪魁一起，冒着随时可能爆炸的危险，从情况尚未探明的东侧疏散口上楼突击侦查，在视野全盲的浓烟中向火场内部艰难挺进。随后，消防队员与二人便失去了联系。直到下午 3 时 21 分，火灾已经扑救结束，二人才在商场四层西北角被发现。此时的二人仍然保持着战斗的姿势，早已壮烈牺牲。

“发生火情时，如果我冲在前面，我的战友就能减轻危险。”刘洪坤始终践行着这句话。十六年的从警生涯，刘洪坤用两千多次灭火抢险救援的经历，磨炼出坚强的意志，培养出崇高的品格，填写出一份共产党员先锋血与火的履历表。

79 张良：在烈焰海水中永生

2002年，一位17岁的高中生因家里经济困难辍学回家。尽管学业不能再继续，但这位青年并没有灰心丧气，因为他心里还有一个理想，就是去军营深造。他带着这份理想与信念于2003年应征入伍，成为一名光荣的解放军战士。这个志存高远的年轻人就是张良。

张良1985年生于辽宁辽阳，家中有兄妹三个，他从小就比别的孩子懂得忍耐。17岁那年辍学后，张良对家里说一定要去当兵。这样不仅能解决家里负担，还能学习新知识。

到了部队后，因有良好的文化基础知识，张良成为连队的技术骨干。张良在特勤大队担任驾驶员，开始了他的两年义务兵生涯。2007年，大连市消防支队成立战勤大队，从各个连队挑选技术骨干，张良作为士官被选上。在这支队伍中，除了那套远程供水系统外，还有三十多辆特种车，其中的防核生化武器侦察车的化学侦监系统就由张良负责。为了学习这套系统，张良多次被派到四川、上海等地学习。张良外出执行任务时从没有跟家人打过电话。2008年汶川大地震时，张良在四川参加救灾四十五天，他也没有告诉父母。因表现优异，他在灾区被特批火线入党。

2010年7月16日18时12分，大连市大孤山新港码头保税区油罐管线突然爆炸起火。港区内部布满油罐、二甲苯等危险品，流淌火不断地向罐区逼近，一旦罐区失控着火，对整个罐区甚至开发区都是一场毁灭性的灾难。

保税区没有充足的供水和灭火药剂，大火就无法被控制和消灭，周边居民就面临着生命危险。火场环境复杂、火势凶猛，为了尽快扑救大火，张良果断地带领供水人员迅速占领码头，争分夺秒地安装防浮艇泵，铺设供水管道。接近两公里长的供水管道，在他们拼命地努力下，仅仅用了四十分钟就铺设完成了，保证了供水量的充足，使灭火“弹药”得到有效供应。

“弹药”充足并不意味着一劳永逸，还要做好后续工作。由于原油大量泄漏到海面上，浮艇泵在抽进海水的过程中，大量油污、海草也被吸附在了过滤罩上，一旦过滤罩堵塞严重，抽水量将受到严重影响。为确保前方供水不受影响，张良每隔一小时都会跳到海水里去清理过滤罩的杂物，每次清理后上岸，身上都仿佛穿上了一件“油污外套”，但他从不喊苦喊累。二百公斤的浮艇泵需要反复清理，海水中的礁石划破了他的身体，伤口浸泡在了布满油污的海水中，钻心的疼痛、模糊的视线干扰着他的工作，但他始终没有放弃，一直坚持，坚持，再坚持。17日9时55分，现场可见的明火终于被全部扑灭，但张良仍然在远程供水编队继续执行监护任务。

7 月 19 日 19 时，最后的“总攻”发起了。张良接到命令，要把远程供水水带延伸到罐区内，争取在 7 月 20 日解决战斗。从 19 日 21 时开始，张良和战友们连夜便开始了供水管线地铺设工作，一直铺设到 20 日凌晨 2 时才完成工作，得到短暂地休息。20 日清晨，海面刮起了大风。为了保证供水顺利，张良不顾个人安危，用安全绳固定渔船钢索后，再次进入海中清理浮艇泵。突然海面一个巨浪扑来，无情地将他吞没，张良不幸壮烈牺牲，年仅 25 岁。

张良虽然永远地离开了我们，但他用实际行动展示了共产党员意志坚定、爱岗敬业、舍己为人等优秀品格。

80 王建飞：宁丢自己一条命，不丢祖国一寸土

18 号界碑

被誉为“西南第一前哨”的西藏军区某边防团昆木加哨所位于海拔四千九百多米的雪域高原上，这里常年大雪封山，寒风刺骨，最低气温达到零下 40℃，含氧量仅为 50%，被称为“生命的禁区”。在这严苛的环境下，有一群勇敢的“天兵”驻守在此，保卫着祖国的安宁。他们常年担负着哨所周边的巡逻执勤任务，与雪山为伍，与孤独为伴。王建飞就是其中的一员，他在这荒无人烟、寒风肆虐的边境已经驻守了十多年，把人生最美好的韶华都奉献给了昆木加。

来自云南文山秉烈的王建飞是家里的老幺，18 岁的他参军入伍后就被派到位置偏远、工作环境艰苦的中尼边境昆木加哨所驻守。在父母亲人的牵挂和思念中，他这一守就是十多年。

好在他得到了家人的支持和鼓励。“虽然条件艰苦，但我们都为他能守好祖国的边界而自豪。”王建飞的父亲自豪地对记者说。妻子跟他约定：“你在边疆守着国，我在家里守着你。”女儿出生的时候，王建飞想退役回家照顾妻女。可当妻子知道他热爱军营，舍不得离开坚守了多年的哨所时，妻子选择支持、鼓励他留在昆木加。

昆木加哨所负责中尼边境18号到27号界碑的巡逻任务，其中，18号界碑是距离哨所最远也是路程最艰险的一个界碑。2017年，王建飞经历了印象最深刻的一次巡逻。作为班长，他带领着十一人出发去巡逻，早上艳阳高照，大家走得也很高兴，然而几个小时后，天空渐渐飘起了雪花，同时大雾四起，寒风凛冽，能见度越来越低。衣服被大雪浸湿，冰凉又沉重地紧贴在身上，为行走又增加了负重。作为队伍中军龄最长的兵，王建飞背着每个人的午饭，还要时刻关注大家的安全，不时地安慰着焦虑的新兵。他告诉大家“加把油，再坚持下，马上就要到了”。就这样，他们缓慢地爬过一个又一个山头，风雪交加中，每个人都只能看到自己脚下的路。下午三点，队伍终于到达了18号界碑，他们郑重地拿出国旗，在界碑旁边展示，宣示主权。这意味着又一批新兵成长为真正的边防军人了。

归程中，战士们发现早上携带的水已经没有了。战士们长途跋涉，体力消耗巨大，口渴难耐，急需补充水分。经过冰河时，他们靠头盔接水，用帽子过滤泥沙，但这种水喝到嘴里又苦又涩，并夹杂着泥沙，越喝越渴，大家只能简单地润一下口。

在寒冷的雪夜里，他们相互搀扶着往回赶，回到哨所时已经是凌晨了。当他们看到哨楼上射出手电筒的光时，所有人都紧紧抱在一起，流下了眼泪。队员们的体力严重透支，看着炊事员特意给他们留的晚饭，谁也吃不下去，匆忙喝了一碗姜汤就赶快睡觉了。第二天早上七点半，所有队员都按时集合，没有丝毫的懈怠。

18 号界碑，王建飞去过无数次，类似于这样惊险的巡逻每次都有可能上演，未知的危险随时都会来临。可王建飞始终坚守着边防军人"宁丢自己一条命，不丢祖国一寸土"的誓言。他说："路上即使遇到再大的困难，我们也时刻谨记边防军人的职责，绝不后退。"恶劣的气候、严重的高原反应等一点点侵蚀着他的健康。即使在这样艰苦的条件下，面对失去生命的威胁，王建飞依然热爱军营，热爱昆木加。他坚守在祖国的边境，巡视着祖国的领土，保卫着祖国的安全。昆木加的藏语是"鲜花盛开的地方"，王建飞扎根在这"生命的禁区"，守护着祖国的"西南大门"，用他十余载的青春为荒芜的昆木加盛开出灿烂的鲜花。

图书在版编目（CIP）数据

红色基因. 意志篇 / 蒋海升主编；陈平，刘桂华，翟真编著. —济南：泰山出版社，2021. 10（2023. 10重印）

ISBN 978-7-5519-0658-6

Ⅰ. ①红… Ⅱ. ①蒋… ②陈… ③刘… ④翟… Ⅲ. ①中国共产党—党员—先进事迹 Ⅳ. ①D263

中国版本图书馆CIP数据核字（2021）第118994号

HONGSE JIYIN · YIZHI PIAN

红色基因 · 意志篇

策　　划　胡　威
主　　编　蒋海升
编　　著　陈　平　刘桂华　翟　真
责任编辑　王艳艳
装帧设计　路渊源

出版发行　泰山出版社
社　　址　济南市泺源大街 2 号　邮编　250014
电　　话　综　合　部（0531）82023579　82022566
出版业务部（0531）82025510　82020455
网　　址　www.tscbs.com
电子信箱　tscbs@sohu.com
印　　刷　山东新华印务有限公司
成品尺寸　148 mm × 210 mm　32 开
印　　张　8
字　　数　160 千字
版　　次　2021 年 10 月第 1 版
印　　次　2023 年 10 月第 3 次印刷
标准书号　ISBN 978-7-5519-0658-6
定　　价　36.00 元